贵州省出版发展专项资金资助

贵州世居民族文化书系

宋健 主编

黔韵旗风

QIANYUN QIFENG

钱星 著

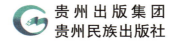

贵州出版集团

贵州民族出版社

图书在版编目（CIP）数据

黔韵旗风：满族 / 钱星著． -- 贵阳 ： 贵州民族出版社，2014.6（2020.7重印）
（贵州世居民族文化书系 / 宋健主编）
ISBN 978-7-5412-2112-5

Ⅰ．①满… Ⅱ．①钱… Ⅲ．①满族－民族文化－贵州省 Ⅳ．① K282.1

中国版本图书馆 CIP 数据核字（2014）第 071659 号

贵州世居民族文化书系
黔韵旗风·满　　族
宋　健　主编　钱　星　著

出版发行	贵州民族出版社	
社址邮编	贵阳市观山湖区会展东路贵州出版集团大楼	550081
印　　刷	山东龙岳文化传媒有限公司	
开　　本	787mm×1092mm　　1/16	
字　　数	120 千字	
印　　张	7.5	
版　　次	2014 年 6 月第 1 版	
印　　次	2020 年 7 月第 2 次	
书　　号	ISBN 978-7-5412-2112-5	
定　　价	38.00 元	

贵州满族分布示意图

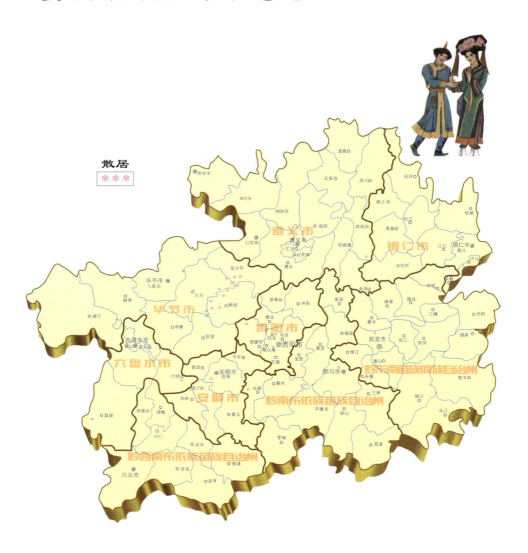

散居

✳✳✳

赤水市
习水
桐梓
正安
道真
务川
沿河
松桃
仁怀市
绥阳
凤冈
思南
德江
印江
铜仁市
江口
玉屏
万山
遵义市
遵义市
汇川
红花岗
湄潭
余庆
石阡
岑巩
镇远
天柱
毕节市
七星关
金沙
大方
黔西
息烽
开阳
瓮安
余庆
施秉
黄平
三穗
剑河
锦屏
威宁
赫章
纳雍
织金
修文
白云
云岩
贵阳市
息烽
福泉
黄平
凯里市
台江
剑河
黎平
贵阳市
百里杜鹃
清镇市
南明
小河
贵阳
乌当
龙里
贵定
麻江
丹寨
雷山
榕江
六盘水市
钟山
水城
普定
平坝
花溪
惠水
都匀市
三都
黎平
六盘水市
六枝
安顺市
西秀
长顺
惠水
独山
荔波
从江
普安
镇宁
关岭
紫云
罗甸
平塘
盘县
晴隆
贞丰
兴仁
安龙
册亨
望谟
黔西南布依族苗族自治州
兴义市
黔南布依族苗族自治州
黔东南苗族侗族自治州
安顺市
黔西南布依族苗族自治州

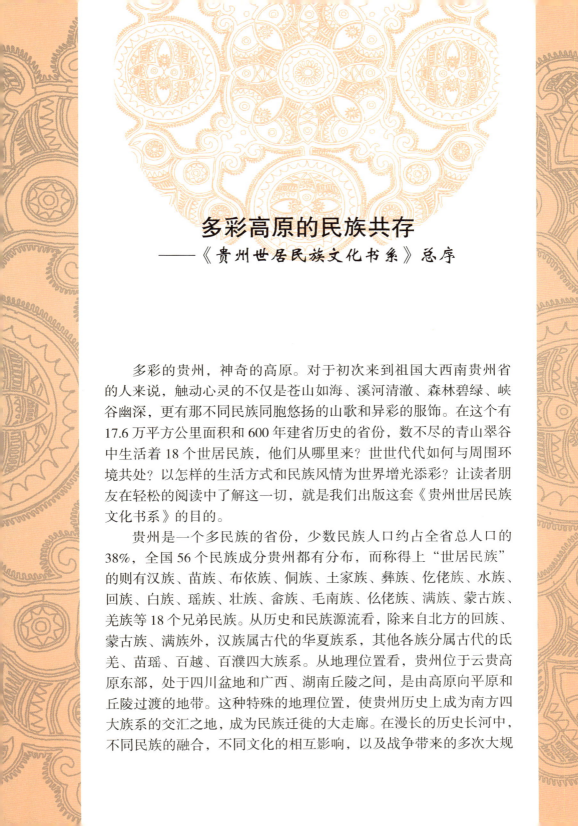

多彩高原的民族共存
——《贵州世居民族文化书系》总序

　　多彩的贵州，神奇的高原。对于初次来到祖国大西南贵州省的人来说，触动心灵的不仅是苍山如海、溪河清澈、森林碧绿、峡谷幽深，更有那不同民族同胞悠扬的山歌和异彩的服饰。在这个有17.6万平方公里面积和600年建省历史的省份，数不尽的青山翠谷中生活着18个世居民族，他们从哪里来？世世代代如何与周围环境共处？以怎样的生活方式和民族风情为世界增光添彩？让读者朋友在轻松的阅读中了解这一切，就是我们出版这套《贵州世居民族文化书系》的目的。

　　贵州是一个多民族的省份，少数民族人口约占全省总人口的38%，全国56个民族成分贵州都有分布，而称得上"世居民族"的则有汉族、苗族、布依族、侗族、土家族、彝族、仡佬族、水族、回族、白族、瑶族、壮族、畲族、毛南族、仫佬族、满族、蒙古族、羌族等18个兄弟民族。从历史和民族源流看，除来自北方的回族、蒙古族、满族外，汉族属古代的华夏族系，其他各族分属古代的氐羌、苗瑶、百越、百濮四大族系。从地理位置看，贵州位于云贵高原东部，处于四川盆地和广西、湖南丘陵之间，是由高原向平原和丘陵过渡的地带。这种特殊的地理位置，使贵州历史上成为南方四大族系的交汇之地，成为民族迁徙的大走廊。在漫长的历史长河中，不同民族的融合，不同文化的相互影响，以及战争带来的多次大规

模移民的进入，形成今天贵州多民族共存共荣的社会。

民族文化，指各民族在历史发展中创造的带有民族特点的文化，包含物质和精神两个方面。存在决定意识，由于贵州地处生态环境较为脆弱的喀斯特地貌带，各族群众敬畏自然，珍惜上天赋予的生活资源，注重生产方式与自然生态的和谐平衡，有着享誉世界的农业文化遗产"稻鱼鸭系统"，与草木"认干亲"的林业等生产方式和生活形态，无不彰显人与自然的和谐共处。

贵州历史上"连峰际天兮飞鸟不通"（王阳明《瘗旅文》）的交通困局，形成了十里不同风，百里不同俗的"文化千岛"，民族风情古朴浓郁，多姿多彩，如苗族的姊妹节、芦笙舞，布依族的八音坐唱，侗族的行歌坐月、侗族大歌，彝族的火把节，土家族的摆手舞等。而600多年前明王朝对贵州的大规模开发，江南的百万汉族移民以屯军、屯民的方式来到贵州，形成数百年的屯堡文化，至今成为明代文化遗存的奇迹。可以说，正是青山绿水与多民族的和谐共存构成了今天多彩的贵州。

我们这套书以大专家写小丛书为特点，以轻松阅读获取知识为目标，以直观图像结合想象力发挥为手段，采取宏观叙述与田野案例穿插叙事的方法，力图写成民族历史文化的故事书，内容虽然通俗易懂，生动有趣，但都是以坚实的学术研究为基础的，能够让读者在愉快的阅读和浏览中获取正确的知识。

"黔山秀水，神秘夜郎；多彩民族，千岛文化。"这是书系力图展示的贵州形象。愿书系成为我们大家了解贵州、欣赏贵州、热爱贵州的一个窗口。

《贵州世居民族文化书系》编委会

目 录
Contents

引言

　　祖国的东北美丽富饶、物产丰富。肥沃的平原田畴纵横，奔流的江河润泽其间；茂密的森林、皑皑的雪山、蓝蓝的湖泊，山光水色交相辉映造就出这片黑土地上秀丽的独特景色。长白山伟岸的身影和黑龙江蜿蜒的曲线勾勒出一片古老神秘的天地。这块静谧的土地就是满族先民生息繁衍的家园。

　　16世纪以前沉睡的黑土地，养育了世世代代的满族同胞，到了17世纪初叶，金戈铁马刺破宁静的天空，唤醒了沉寂的大地，崛起在白山黑水之间的满族将在此后的近三百年时间里，统一长城内外、九州华夏，成为一个新王朝——大清王朝的缔造者。满族世代生活在北方，从渔猎采集氏族逐步过渡到农耕社会，经历了沉寂—崛起—辉煌—没落，最终融入中华民族大家庭的漫长历程。

　　在贵州的西北一隅，散居着不少生性豪爽的人，他们的身上同样流淌着中国最后一个王朝皇亲国戚的血液，他们的性格里仍然留存着前朝的满韵遗风，他们就是贵州满族。在贵州高原上演绎自己独特历史的三百多年里，他们和贵州其他民族一样，用智慧和汗水耕耘着养育自己的神奇大地，从而成为贵州世居民族之一。

　　贵州位于祖国的大西南，与满族发源的东北相距数千里之遥，从东北平原到云贵高原，生产生活环境差异巨大，那么满族是如何定居在贵州的呢？翻看一本本泛黄的志书、谱牒，寻觅一块块石刻碑记，战争成了最显眼的词汇！一条条进入贵州的军事线路成为满族迁徙到贵州的轨迹。贵州的满族和蒙古族有着相似的迁徙原因，在不同的时代这两个北方民族以一种相似的方式来到了贵州。

　　生活在贵州山地上的满族，其先祖在清朝初期因两次重要军事活动迁徙而来，成为贵州17个世居少数民族之一。300年前，在历史的时空交错中，辗转征战的满族八旗官兵停下了疲惫的脚步，美丽的贵州成为辗转云贵征战的满族新家园。中华人民共和国成立后，因三线建设、学习、工作进入并定居在贵州的满族成为贵州满族的新鲜血液。这个来自东北的民族三百年来陆续来到黔山秀水间，在祖国西南的贵州高原扎下了根，与生活在贵州山地上的各族人民友好相处，安居乐业，为开拓、建设美好贵州做出了贡献。

就让我们沿着满族历史发展的轨迹，在既久远又鲜活的历史画卷中追寻贵州满族走进和定居贵州的足迹。

骑射民族 QISHEMINZU DE 的 征服之旅 ZHENGFUZHILV

● 长白山仙女的传说 ●

　　溯本追源是民族寻根之旅，而民族的起源往往伴随着多姿多彩的神话传说，重温那些神秘动人、英雄史诗般的传奇是后人怀念祖先的最好精神寄托。满族的起源同样牵连着一个个满族后代耳熟能详的故事。

　　很久以前，在长白山东北的布库里山有一个静静的天池叫做布勒瑚里湖。湖水碧波荡漾、清澈幽蓝，湖畔四周高峰林立，青山如黛。一天，三位仙女被美丽的湖光山色吸引，从天而降来到湖中沐浴嬉戏。大姐叫恩古伦，二姐叫正古伦，三妹叫佛古伦。沐浴之后，她们正准备登岸披衣，突然一只喜鹊口衔红果放到三妹佛古伦的衣服上。佛古伦看见后，对美丽的红果爱不释手，害怕丢失，就将果子含在嘴里穿衣

八旗远征军

努尔哈赤

满族历代称谓

时间	称谓
舜、禹、商、周	肃慎
三国	挹娄
北魏	勿吉
隋、唐	靺鞨
唐末	女真
宋	女真
元	女真
明	女真
清	满洲
中华人民共和国	满族

服，不小心将红果吞入腹中，不料感而成孕，身体沉重。两个姐姐只好飞回天宫，让佛古伦留在了人间，生完孩子再返仙界。

不久，佛古伦生下了一个男孩。这个男孩生下来就能说话、聪明异常，取名布库里雍顺。没过多久，就已长大成人。佛古伦对儿子说："你是奉天命来到人间的，上天生你，就是命令你去平定乱世。"她还把自己的来历以及吞红果后怀孕生子等事情，告诉了儿子。接着给了儿子一只小船，让儿子顺流直下，而佛古伦则腾空而起，回归仙国世界。

布库里雍顺按照母亲的指示，乘着小船顺流而下，来到了有人居住的地方。来到岸上，布库里雍顺折树枝为椅，独坐其上。当时在这个地方居住着三个部族，为了土地财富，整日争斗。当布库里雍顺上岸时，正好被一个挑水的人看见。挑水人回去告诉正在争斗的三个部族的人们，称自己在岸边看到一位奇人。人们立即停止了争斗，来到岸边观看，果然有一个与众不同的人坐在那儿。人们非常惊奇，便询问他的来历。他说："我是天女佛古伦所生，姓爱新觉罗，名叫布库里雍顺，上天生我就是来平定你们纷乱的。"他又把母亲告诉他的话述说了一遍。人们非常高兴，抬着布库里雍顺回到住地，停止了争斗并推举他为三个部族共同的国王。

布库里雍顺率领三姓男女，在鄂谟辉的野外，建造了鄂多里城，国号"满洲"，布库里雍顺成为满族人的始祖。（《清太祖武皇帝努尔哈赤实录》卷1）

美丽的神话在黑龙江流域广为流传，满族祖先源于上天，也一直为有清一代的皇帝所津津乐道。满族以鹊为图腾的原因之一，也可以溯源至这个故事。贵州满族过去补子上绣有鹊的图案和现在对村子周围喜鹊的保护，想来也应该传承了这个神话传说。同时贵州满族墓碑石雕中大量出现的鹊含珠子或鹊绕珠而飞的雕刻图案都源于满族起源的传说。

女真武士

长白山秋景

● 族称的传承 ●

佩弓箭的女真人

图画女真人

满族是中国历史上古老的少数民族之一，彪悍的女真是满族的直接先祖，而女真先世可上溯到舜、禹和商周时期。那时生息繁衍在白山黑水之间的女真人被称作肃慎，这是东北地区见诸文字记载的最古老民族。此后，肃慎的后裔仍旧在这片土地上生存拓展，只是名称屡屡变更。

我们先来看看女真一路走来的历史标记。

三国时期，女真的祖先称为挹娄，北魏时称勿吉，并分有白山、粟末、号室、安车骨、伯咄、佛涅、黑水等七个部族。到隋唐时称靺鞨，仍然以七部为主要分支。女真的名称首现于唐末五代，黑水靺鞨逐渐兴旺起来，当时契丹人就称黑水靺鞨为女真。从北宋至明代，女真（也翻译成"诸申"）名称一直很固定。从白山黑水走出来的一个古老渔猎民族，能够最终成为历史上建立了统一中央王朝的两个少数民族之一，不仅仅是历史的厚爱，更承载了这个民族生生不息、自强不止的民族精神。从渔猎采集到农耕商贸，从一盘散沙到八旗整合，从自给自足到无穷的欲望，从被统治在生存空隙中残喘到登上历史舞台担当主角，一切都在肃慎到满族的更名镜像中，映照出自尊、自强、自我升华的历史。

无论是肃慎、挹娄、勿吉、靺鞨还是后来建立了强大政权的女真、满族，他们一直生活在东北土地肥沃而气候寒冷的"白山黑水"之间。历史上每一个满族族系的兴衰都对中华文明的产生和发展有着重要影响。满族的先祖在不同的历史时期被政治力量归属于不同的强大民族共同体，直到最终在17世纪形成满洲民族。满族作为民族共同体的形成，战争与政治是主要因素，血缘纽带的作用反而次之，包括贵州满族也是如此，他们有长期生活在东北的满洲八旗，有后来整编为汉军八旗的汉族，有蒙古八旗的蒙古人，有清一代他们逐步被认同为满族，在后来的民族识别中，这些从北方迁徙而来的群体，也基本申报并被认定为满族。因而满族是在一个特定历史条件下经过民族融合形成的共同体，这个共同体融合了蒙古、汉等部分民族。

骁勇的将领

● 女真和满族的统一梦 ●

骑射民族

金、西夏与南宋态势图

女真及其后来的满族人擅长骑射、骁勇彪悍，一脉相传的习性让他们先后建立了两个金国。松花江和黑龙江流域大半年时间被冰雪覆盖，严寒天气和渔猎生活锤炼出健壮的民族体格。实现强国梦需要强壮的身体为根基，后来清朝皇帝康熙一再要求满洲人坚持骑射就参透了其中精髓。贵州满族后裔也是体格健壮，在百里杜鹃风景区居住的满族老人精神矍铄，陪同我们一路探访的宋慎锡老人，年过七旬，走起山路健步如飞，比他年轻30岁的我们被远远落在后面。

北宋初期，在女真30多个部落中，完颜部最为强大，逐步依靠强大的军事实力先后征服、统一了女真各部，公元1115年1月28日女真首领完颜阿骨打称帝建立了金国并定都阿城，金历经十个皇帝120年。在那个战火纷飞，北方强国鼎立、互相战争的年头，女真人灭掉辽国，结束北宋统治，与强大的西夏和南宋终成鼎足之势，在统一了黄河流域的广大地区后，中国北方大部分归于其版图，迫使西夏俯首称臣，南宋屈辱求和。

历史总是惊人地相似。

12世纪的女真人在反抗辽对其经济和精神的双重压迫中开始了统一之战，600年后依然是这个女真群体，反抗明朝的统治，开始兼并女真各部落，走上了统一中国的历程，只不过国号多了一个大字，成为大金，史称后金，第一个都城在赫图阿拉，距离当初金的都城会宁（现黑龙江阿城）已有千里之遥。金和大金在鼎盛时期同样定都北京。女真人建立的金朝历时 120 年，统一了大半个中国，而改称满洲的女真人则最终建立了大清，统一了整个中国，历时 268 年。

崛起中的女真

600 年后满族人圆了先人一统中国之梦。

在压迫与反压迫过程中，女真生产力发展成了这一过程的主旋律，从渔猎到游牧，农业、手工业、商业渐次发展，铁器的使用标志着这个古老部落融入了历史发展的正常轨道，并在统一各部落的过程中崛起于白山黑水之间。女真人是擅长扩展的群体，无论在金还是在后金，土地的不断纳入版图似乎成了永恒的追逐目标。公元 1127 年金灭了北宋后，疆域一度在东北到了日本海、库页岛，北到外兴安岭，西北到蒙古国，西到河套、

后金

后金（1616 年～1636 年，或称后金汗国）是出身建州女真的努尔哈赤在满洲（现今中国东北）建立的王朝，为清朝的前身。明万历四十四年（1616 年）努尔哈赤在赫图阿拉称汗，国"金"或"大金"。史学界一般统称为"后金"，与 12 世纪时的金相区别。至其子皇太极 1636 年改国号大清，后金共历 21 年，两位君主。后金一名不见清人记载。普遍认为以"金"作国号乃为表明承袭完颜氏之金。也有人根据《朝鲜李朝实录·光海君日记》记载，认为"后金"的名称是从朝鲜传入明朝。此外，还以地名"建州"和族名"女真"称呼后金政权。

陕西横山、甘肃东部和西夏交界之地，南以秦岭、淮河为界对峙南宋。而在接班人——清朝的鼎盛时期，全国的疆域北起蒙古唐努乌梁海地区及西伯利亚，南至南海，包括"千里石塘、万里长沙、曾母暗沙"（即今西沙群岛、南沙群岛等南海岛礁），西南达西藏的达旺地区、云南省的南坎、江心坡地区等，西尽咸海与葱岭地区，包括今新疆以及中亚巴尔喀什湖，东北抵外兴安岭，包括库页岛，东南包括台湾、澎湖群岛，极盛时总面积达 1300 万平方千米。

● 走向广阔的世界 ●

壁画上的女真人

公元 1234 年满族先祖女真建立的金被蒙古人建立的元朝所灭。400 多年沉寂和漫长等待，400 多年白山黑水的守望，骨子里沸腾的血液驱使满族向更广阔的南部迁移，那是一片更富庶的土地、更诱人的天空。一群群、一队队的满族人扶老携幼从黑龙江、乌苏里江、牡丹江流域来到吉林东南部和辽宁东部山区，占据广袤肥沃土地、草场，人口、牛羊数量不断增加。汉族是毗邻而居的朋友，在交往中学习提高生产技术，土地上的庄稼与草地上的牛羊养育着日渐强大的部落，中国最后一个封建王朝坚实的基础就此奠定。满族人骁勇的性格和维系满族社会的八旗制度随着征服的号角自华夏之北传遍神州大地。

明万历四十四年（1616 年），努尔哈赤建国称汗，国号大金，21 年后努尔哈赤之子皇太极称帝，改国号为大清，努尔哈赤和皇太极是大清的奠基者。两朝皇帝建都关外，在政治、组织、军事上初步建立了一个封建王朝的雏形。

清朝的第一个都城建于赫图阿拉，1621 年迁都辽阳，4 年后迁都沈阳，1644 年入关后定都北京。一条蜿蜒曲折的崛起之路指向华夏心脏。满洲八旗大军对清朝的建立功不可没，八旗兵丁能骑善射，作战勇猛。清朝前期的军事行动大多依赖八旗官兵，特别是满洲八旗成为攻城拔寨的主力。吴三桂降清献关后，就是由清摄政王多尔衮指挥八旗劲旅攻陷了北京。入关 20 年，清帝国依靠八旗铁蹄先后将大顺、大西、南明和台湾郑氏王朝消灭，其成为中国历史上统一的强盛王朝之一。鼎盛时期的领土达到 1300 万平方千米，清末人口达到封建社会历史上最高的 4 亿以上。

各民族共同缔造了中国封建王朝历史上幅员辽阔的统一多民族国家，满族在这一创造过程中起到了重要作用。清朝前期，沙皇俄国多次侵入黑龙江流域，强占尼布楚、雅克萨等中国土地，杀人放火劫掠财产。满洲八旗和当地鄂温克、达斡尔、鄂伦春、赫哲、锡伯、蒙古等各族人民奋起反击，在军事胜利的基础上签订了中俄《尼布楚条约》，从法律上规定了黑龙江两岸和乌苏里江以东的广大地区属于中国领土。满族在扫清地方割据政权、平定西北边疆，划定中俄边界中，维护和巩固了多民族国家的团结。

清朝在统一战争中，坚持"满洲为根本""以满蒙为联盟""满汉共治天下"的治国方略，从总体上缓解了国内的各种矛盾，特别是康熙、雍正、乾隆三代君王重用汉臣，自上而下缓解了部分民族矛盾。有清一代，佛教成为满汉共同的宗教信仰，佛教在中国大行其道缓解了社会矛盾。

满族建立清朝后要求满洲人保持"骑射国语"，但对汉族等其他民族却进行强力镇压，推行"剃发易服"，对不服从者残酷镇压。史上著名的"扬州十日、嘉定三屠"，造成江南一带人尽城空，类似情况在各地多有发生，西南地区在清入关后，连年战乱一度造成民生萧条、人口骤减。

镇压民众和对反对势力的武力征

努尔哈赤即位图

盛世华庭

沈阳故宫

服，使得全国经济萧条、人民生活困苦。为从根本上促进经济发展，提高人民生活水平，稳定社会秩序，朝廷对东北、西北边疆进行了大力开发，包括落户贵州的满族也给当地带来了先进的生产力，对聚居地农业生产和经济建设起到了促进作用。满族八旗的社会性质决定了战斗力和生产力都不可或缺，因此全国出现了很多"旗屯"，特别是平定新疆叛乱后，天山南北两路，八旗长期驻防，一边戍守一边开垦农田，通过输入先进的生产工具，提高了生产力，当地各民族的粮食和棉花产量迅速提高。

　　18世纪以后，包括贵州在内的西南少数民族地区，实行了大规模的"改土归流"，削弱各地"土司"权利和势力，以政府选派的流官进行实际统治，此举加强了中央对全国的统一，加强了少数民族地区和中央的联系，各兄弟民族的经济文化交往也得到了充分发展。贵州在这一时期，各州府有不少满族官员，满人往来于贵州和中原，途经贵州到云南的满族官员也是熙熙攘攘，从嘉庆、道光、咸丰三代贵州满族墓葬可以看出这一阶段是贵州满族发展的繁盛时期。

剃发易服

CONGBAISHANHEISHUI

从白山黑水
到黔山秀水
的追寻

DAOQIANSHANXIUSHUI

DEZHUIXUN

● 云贵高原寻旧迹 ●

据贵州《大定府志》等地方志记载和民间家谱、传说，清朝顺治、康熙年间屡次征伐西南边陲，历经两次主要战争，征战贵州的满、汉和蒙古八旗士兵及其家属在贵州驻屯和定居，成为现在贵州满族的先祖。

战争的烽烟催促北国的满族官兵辗转南下，从遥远的黄河之北一路向着神秘莫测的"西南夷地"挺进。从中原一马平川到江南烟花三月再到崇山峻岭的云贵高原，渐行渐远的满族子弟回望故土之时，是否会想到从此天涯永隔？从黑土地到黄土地，从东北到西南，漫漫长路，是否会有壮士马革裹尸还的豪气？若干年后一些人拖着疲惫的身躯凯旋了，另一些人停下了脚步在黔西北驻足安家，还有一些人则从此长眠在了贵州的土地……

骑猎像

回望历史，让我们沿着那条崎岖的山间小径与贵州满族的先祖相伴而行。

满族最先进入贵州是在清顺治十三年。让我们记住这个满族大规模进入贵州的时间——1656 年。

南明永历政权在西南风生水起，贵州安龙成为永历政权的核心，清军从广西、湖南、四川分三路进军贵州，平西王吴三桂等将领率八旗和绿营官兵剿灭了永历政权，对于云贵这块狂放不羁的方外之地，清廷着实不那么放心，一部分八旗兵丁就此屯驻云贵，因伤散落或掉队的士兵们成为贵州的"外来户"。

康熙二年（1663 年），贵州各地起兵反清，这些零星战斗本不足奇，但次年的一个诡秘事件却搅动了满族与贵州少数民族的一次直接对抗。1664 年水西宣慰司宣慰使安坤刑牲祭祖，平西王吴三桂诬告其谋反，率领云、贵各地镇守兵马讨伐。力量悬殊的对抗，以水西土司的失败告终，作为统治水西多年的彝族，被迫亡命，大片良田居所被官兵所占，不管是绿营兵还是八旗兵，在水西平定后，开始享受"策马圈地"的政策，远道而来的客人们，毫不客气地成为新的主人，肥沃的土地、壮美的牛羊、堂皇的殿宇都统统易主。此时很多征战的兵丁还没有民族成分的概念，但若干年后他们成为定居贵州的第一批规模较大的满族群体之一。黔西、金沙、大方这些黔西北的区域，山间坝子似乎不比中原的土地贫瘠，角色转换的同时满族人也带来了一整套先进的农业技术：牛耕技术、水利灌溉技术、农业生产工具制造等等。胜利者站在洒满落日余晖的山头，面对着苍茫的青山，"他乡成故乡"的念头挥之不去！于是，350年前的那个黄昏，他们留下了。

引弓

　　康熙十二年（1673年），三藩之乱。雄踞云贵的吴三桂叛乱，这一次清军以绿营步兵为前锋，八旗兵紧随其后平息了叛乱，收复西南诸省。八旗兵丁的铁骑再次踏入贵州的土地，他们在云贵高原往来驰骋，扫平贵州直捣昆明。一次次奔袭作战，海拔千米以上的山地陡峭崎岖，八旗官兵累了，随军而来的家眷也累了，夕阳映照下的身影在黔西北的土地上越发沉重，歇一歇吧。由滇返黔的道路已经如此漫漫，能不能平安回到遥远的北方，尚是未知数。于是，脚步慢了、停了。依然在黔西北的土地上，进入贵州的第二批满族开始在高原的山间劳作，依然是袅袅炊烟，只不过这一次是缭绕在云贵高原蔚蓝的天空之下。

黔西北景色

● 策马圈地黔西北 ●

在历史文献的基础上，让我们拂去尘埃寻找真相。

自清朝入关，经过频繁的战事，到顺治十三年（1656年），全国形势逐步稳定，清朝已完成了中原和江南的基本统一，只有偏安西南一隅的南明永历政权和东南沿海的郑氏继续抗清，影响着清朝对全国的稳固统治，都察院左副都御史魏裔介就指出："天下民生所以不安者，以云贵有孙可望，海上有郑成功也。"于是朝廷命三路大军攻打云贵：吴三桂与李国翰为一路，由汉中出兵，经四川、直取贵州；授固山额真卓布泰为"征南将军"，会同湖南调发的官兵为一路军，由广西前往贵州（《清世祖实录》，卷113，16～17页）；又任命罗托为"宁南靖寇大将军"，会同济席哈部及洪承畴调去的官兵为一路军，由湖南前往贵州。顺治十五年（公元1658年）正月，又任命多罗信郡王多尼为"安远靖寇大将军"，同多罗平郡王罗可铎，多罗贝勒尚善、杜兰，固山额真伊尔德、阿尔津、巴思汉、卓罗等统领将士"进取云南"，还征调御前侍卫及王、贝勒、贝子、公等护卫"皆酌置随征"。

顺治十五年（公元1658年），贝勒罗托、经略洪承畴、平西王吴三桂、征南将军卓尔泰，三路

驻屯

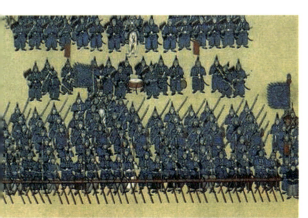

操练

进兵取云、贵，命王（多尼）为安远大将军以总之。率镶黄旗副都统特锦、镶黄旗蒙古副都统颇罗、副都统葛褚哈、前锋统领三等男路什、前锋侍卫达克萨哈诸军以进，平定贵州后，以赵廷臣为贵州巡抚。顺治十六年（1659

八旗统领

年）正月，多尼入云南境，与南北二路会于罗平，遂薄云南城。顺治十三年至顺治十五年，朝廷征调八旗和绿营兵前往云贵，三路大军，总兵力当在 10 万人以上。因此征战贵州的满族官兵不在少数，在征战过程中，部分官兵因伤病遗落在当地休养，因而少量满族官兵留居贵州。平定南明永历政权后，清廷在黔西北大量驻兵，设有平远、大定、黔西、威宁四镇总兵，共有兵员 9060 名。康熙十年（1671 年），朝廷进一步设立平大黔威守道一员，驻扎大定，总领四府。八旗伤病官兵及屯戍黔西北的官兵及家属成为第一批留居贵州的满族人。

康熙四年（公元 1665 年），吴三桂借口水西彝族土司安坤刑牲诅盟谋叛，奏请讨伐，清廷令吴三桂统领云南贵州各镇守兵讨安坤。战事平息后，部分八旗军留在今黔西、金沙、大方等地，部分官兵分封到各地，插标（草）为界，领照为业，开垦从农。乾隆年间，允许屯田买卖，改为"科田"（即私田），还允许参将以下官吏在任所买田置宅、解退，还可以在当地入籍。

康熙十二年（1673 年）的春天，朝廷撤藩的决定传到西南边陲。雄踞云贵的平西王吴三桂反了。11 月杀云南巡抚朱国治，自称天下都招讨兵马大元帅，提出"兴明讨虏"，将矛头指向清廷。云南、贵州是吴三桂的大本营，战祸遍及西南各省和湖南，福建、广东、广西、陕西、湖北、河南等地都有藩王或将领响应。吴三桂于康熙十七年（1678 年）在衡州称帝，立国号周，建元昭武。康熙抓住机会调整战

黔西北田园

略、安排兵力。吴三桂穷途末路，积郁而死，死前将"帝位"传给孙子吴世璠。据守湖南的吴军被击退后，清军攻击的目标，转向了云、贵，康熙十九年（1680年）三月，将军赵良栋奏请以湖广、广西、四川满汉大军分三路进取云贵。第一路统帅为"定远平寇大将军"贝子章泰，第二路统帅为赖塔，第三路统帅为"勇略将军"赵良栋。《清圣祖实录》中提到"征讨云南时，满汉官兵合计40余万"。"绿营步兵居前，满骑继后"。（《圣武记》，卷2，70页）康熙十九年九月二日，"各路大军，如期进剿"。（《平定三逆方略》，卷52，1页）康熙二十六年（1687年）平定滇黔诏"逆贼吴三桂负国深恩，倡为变乱，阴结奸党，同恶相援，抗违诏令，窃据疆土，滇、黔、闽、浙、楚、蜀、关陇、两粤、豫章之间，所在驿骚，肆骋痛毒。三桂僭称伪号，逆焰弥滋，负罪尤甚。朕恭行天讨，分命天师，剿抚并施行，德威互济……八载于兹。"（《大定府志》卷一，冠篇一，1页）平定吴三桂叛乱后，康熙二十年（1681年）清廷调整黔西北的行政建置，驻兵数量也在不断削减。康熙二十三年（1684年）平远、黔西改镇为协，各裁兵1000多名，第二年威宁镇裁兵700多名。雍正三年（1725年），大定改镇为协，兵员逐渐减至1 200名，一镇三协遂成定制（道光《大定府志》

驰骋

卷四十三，武备略，884、888～891页）。裁兵后，众多官兵及其家眷部分回了京城，部分留居当地，圈地开垦。

满族随军入黔纪念碑

　　清初的贵州战火纷飞，各族人民生活在水深火热之中，战火也让八旗官兵疲于奔命，无数满族士兵的生命定格于沟壑纵深的高原。当他们踏上这块神秘的土地时，已做好了准备，他们的鲜血会浇灌在这异乡的土壤中，而这个异乡将是子孙后代新的家园。土地是老百姓的根，天下的土地皆能生产出养育生命的资源，黑土地的高粱、玉米在贵州的山山水水之间照样开出绚烂之花、结出丰硕之果，满族也照样可以在贵州繁衍生息、枝繁叶茂。300多年前的种子茁壮成长在黔西北安洛河流域的坡坡坎坎。

● 贵州山地上播下的第一粒种子 ●

17世纪中叶至17世纪末，贵州满族的祖先先后在贵州扎根。

两次大规模的战争以及战事平息后任命的各级文武官员中，迁徙到贵州的满族不在少数。17世纪中后期满族初入关内，很多人是直接从东北来到云贵。发黄的家谱、斑驳的墓碑，那些陌生的名字牵扯着东北故土的情怀，我们无数次徜徉在这片满族后裔居住的土地，和他们一起找寻旧日的印迹以及一张张久远的面孔。

民居院落

他们是播下种子的先辈。

兆裔杯助智为清军谏议，偕妻大卜义，随军家属还有长子仁哉·乃耿止。兆裔杯助智病故于途中，母子将其遗体运至大定府管下乐贡里马崽岩脚埋葬（今黔西安洛方井），移居黔西州重新大石板。远祖系满洲人氏，赫图阿拉地，即今辽宁省新宾县老城。

宋氏随军入黔，始祖有熙业，又名磨易窝戡止，平三藩有功，封百户侯，定居在大定府管下黔西州逢水（原黔西县洪水乡宋家沟，今属金坡苗族彝族满族乡附源村）。茶盘点某子定居在大定府管下乐贡里安洛河（今高里）。霸正点约止定居在大定府管下燕子沟坎上。以上宋氏三人均系南满京兆郡人氏。

家谱

　　赵氏随军入黔始祖包都止和赵幺幺，系黑龙江东宁人氏，至滇入黔，包都止定居在大定府管下乐贡里马崽岩脚，赵幺幺在安洛新化石关水淹坝。

　　黄氏入黔始祖奶哥止和伞应止系黄岗梁人氏，随军至滇，伞应止在云南战死。其兄奶哥止剪其发辫带走，由滇入黔，定居在大定府管下乐贡里燕子沟河坎上，将其弟伞应止的发辫埋在猫猫山上。

　　安氏入黔始祖阿乐怎仔止，任清军云骑尉，吉林人；杨氏入黔始祖奔外止，系黑龙江清新入人氏。安杨二姓随军至滇入黔，定居在大定府管下乐贡里大边（今大贤村）。

　　在大方县黄泥乡，有一块碑名为《清朝入黔始祖谏议军职傅公讳谥兆裔·杯助智墓》的大石碑，碑文记载了贵州满族的祖籍和迁徙线路。

　　"清廷平吴三桂之乱，清军分三路进攻，以绥远将军毓荣总督各路官军，平定云、贵，命将军吴丹，鄂壳济哈和赵良栋由四川进攻云南，命将军奔依图、都督马九玉、总督金光祖由广西进攻云南。贝子彰泰穆占和毓荣由湖南进攻贵州。由于云贵多山地，清廷以绿营军打先锋，

清军入黔

贵州满族流官

《大定府志》载，顺治、康熙年间前后在贵州做官的就有蔡毓荣，汉军正白旗人；范承勋，汉军镶黄旗人；王继文，汉军镶黄旗人；高其倬，汉军镶黄旗人，杨茂勋，汉军镶黄旗人；卞三元，汉军镶黄旗人；罗绘锦，汉军镶红旗人；黄国材，汉军正白旗人；赵赖，汉军正蓝旗人；侯锡爵，汉军镶黄旗人。雍正年间鄂尔泰，满洲镶蓝旗人，张广泗，汉军镶红旗人等皆担任过贵州巡抚、提督等职位。雍正年间平远知州何泓，汉军镶白旗人。雍正年间威宁知州赵世燕，汉军镶白旗人。《大定府志》载：分巡贵西道有伊汤安，满洲正白旗人，伊星阿，蒙古正红旗人，福连，满洲正蓝旗人。大定府，知府刘世恩，正蓝旗人；杨汇，正红旗人；钮嗣昌，镶白旗人；张景宗，汉军镶黄旗人；永福，内务府正白旗人；包柱纶，满洲镶红旗人；陈五色，汉军正白旗人，荣昌，满洲正蓝旗人；普恩，满洲镶黄旗人；存杰，汉军正黄旗人等。平远、黔西、威宁等州的知州亦多用满人。威宁镇，总兵中旗人有13人，参将、副将、游击、守备中满人居多。

满族旗兵继其后。

"1680年，贝子彰泰穆占和毓荣率军进至镇远府……以后，满军在平远（织金）击败叛军，收复黔西、大定、毕节等地。满军平叛有功，清廷给以优抚。就有部分满人定居在黔大两县交界处，约有十余姓，居住直径五十公里左右。"

从定居大方、黔西、金沙及现在百里杜鹃管委会满族的族谱和墓碑的名字分析，他们都应该是东北迁居贵州的满族。如今贵州的满族多使用汉姓，计有宋、潘、崔、赵、高、杨、李、罗、倪、余、马、谢、傅、孟、黄、何、安、关、刘、王、熊、陈、周、姜、胡、游、邬等20多个姓。阿郎长、单、军、张等姓已绝嗣。新中国成立前，有些势单力薄的姓氏，依附大富人家或因姻亲关系改姓，出现除自己本姓外，还用改姓，俗称暗姓。如宋氏就有崔宋、骆宋、姜宋、赵宋、史宋、潘宋、何宋等。有的暗姓已还宗，恢复了本姓。

清代满族在文化、政治、经济等领域均享有一定特权，并与汉人隔离居住。而贵州的满族人主要居住在山区，与汉族、彝族、苗族等其他民族交错居住较为常见。特别是民国的排满运动，贵州的满族也受到冲击，许多人不得不改为汉姓汉名，靠隐瞒族姓借以避免遭受不公正的待遇。因此，贵州在金沙、黔西、大方呈现今天这种分散中的相对集中分布就不足为怪了。

因平三藩之乱而迁徙定居毕节市的满族较多，平坝县和六枝特区因同样原因，满族也较为集中。

《平坝县志》载：满族人数在500人以上，1000人以下。（贵州省平坝县地方志编纂委员会，《平坝县志》，贵州人民出版社2004年，第1版，107页）《六枝特区志》载：该区境内满族407人，其中平寨镇有365人。（六枝特区志编纂委员会，《六枝特区志》，贵州人民出版社，2007年7月，第1版，118页）

其他地区也有部分满族是随清军入黔定居贵州的，但各地方志记载不多。《铜仁民族志》载：铜仁地区满族属八旗后裔，也是清代从河北入籍定居。据2000年铜仁地区民宗局统计，全区有满族人口299人，主要居住在石阡县本庄镇、汤山镇和铜仁市等地。至今仍保持禁用狗皮制衣帽和禁食狗肉之俗。

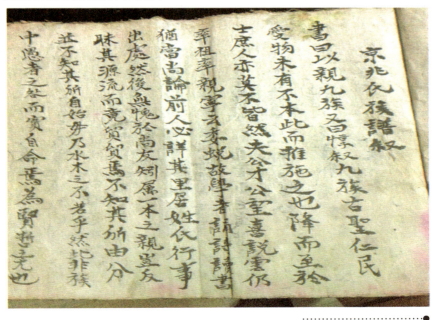

贵州满族宋氏家谱

● 山地上的财神爷 ●

　　满族入黔定居后，整个清朝统治阶段政治地位较高，从墓碑及建桥纪念碑的碑文可以推定乾隆年间就有满族大地主出现。大方县黄泥一带的倪、游、刘、周四姓在200年前就是当地的大姓。这四姓在乾嘉时期修的祖坟，高大雄伟，图案精雕细琢，不是一般富农、中农家庭所能办到。大方县黄凤灵在雍正乾隆年间被称为"百万"之家，据说周围一百多里田土八成是他家的。金沙县安洛乡赵、杨、安、傅等姓也是当地有名的大户，租佃他们家土地的佃户，种了五六代人的都有。金沙、大方交界的安乐桥是乾隆四十八年（公元1783年）当地满族人修建的。桥志记载为首的是满人杨芳品、周之恒、朝元等，满族姜朝佐捐银1900两。宋干臣是当地最大的满族地主，100多年前就收租千石以上。宋家沟宋氏和洪水汉族史姓是原黔西县十区有名的大姓，当地曾流传"宋家宋八缸，史家史八里"，指的是宋家银子多，史家人口多。

　　新中国成立前，安洛场场号创始者和管理者虽然不是满族人，但场上的主要商品粮食多掌握在满族地主手中。场上的粮价是涨是跌，多是满族地主操纵。粮价波动势必影响其他商品价格的波动，满族地主在这个场上的经济实力和影响力可想而知。

　　据土地改革时的资料统计，黔西县大石乡有地主12户，桃园乡有地主1户，桶井乡有地主3户，这三个乡的16户地主皆是满族。这几个乡的自耕农特别多，

石碾

但满族佃户不到 20%。大方县黄泥乡有满族 80 多户，租种土地的不到 20 户。其中龙井有一个村，共 24 户，只有 4 户是租地种，其余是地主、富农和中农。金沙县安洛乡 353 户，共有地主 18 户，满族地主占了 13 户。大贤乡 401 户，有地主 19 户，其中满族地主 15 户。黔西县宋家沟所属大队，有耕地面积约 74.4 公顷，其中满族地主 12 户，共有田地约 64 公顷，占总耕地面积的 85.76%。

如今满族和当地其他民族在政治上处于平等地位，在经济发展上各显其能，都在为过上富裕的小康生活而努力。满族参加建立的民族乡都有满族干部担任职务和参加行政管理。在县人民代表大会和县政协中，都有满族的人民代表或政协委员。散杂居的县（自治县、市、区、特区）及省的人大代表或政协委员都有满族担任。满族人民内部以及和各族人民都团结友爱，和睦相处，同心同德，携手发展。

男女地位方面，满族很早就体现了男女平等的思想。过去金沙县安洛乡满族女族长高凤仙管理着杨家寨村 300 余人中近一半的安姓满族。高凤仙在安姓族人中有着绝对的裁决权，她的权力是通过女性世袭产生的，高凤仙在氏族中的突出地位反映了满族内部很早就实现了男女平等。黔西北一带满族妇女和男子一样拥有平等的财产继承权，这也标志着满族妇女的进步和解放。

● ⋯⋯⋯⋯⋯⋯
走亲

● 山地新家新生活 ●

满族雕花门窗

清朝覆灭后，贵州满族同胞同样受到压制，直至1983年经识别后，才正式恢复了满族的民族身份。长达近一个世纪没有明确的民族身份，使得满族的民族凝聚力在漫长的岁月中逐渐涣散，也散失了许多习俗、文物、歌谣等等文化上的积累。相对而言，其文化遗存比较匮乏。但是文化的发展和消亡都是一个渐进的过程，贵州满族同样在历史发展过程中、在新的家园和新的生活中保留了点点滴滴的满族

满族新居

文化。

贵州的满族人大多生活在海拔 1000～1500 米平缓的山地或山间空地，土地肥沃，自然条件较好。初来乍到聚族而居不失为好选择，十几家或几十家聚居为一寨，沾亲带故，乡音不改，其乐融融。房屋多选择在迎风向阳的山脚或山腰，依山而建，便于采光保温。房前房后绿树成荫，葱郁蔽日。居住方面，满族入黔之初正房多为两间，开南窗和西窗，里屋有三铺炕，形如"匸"状，沿袭在东北生活时的传统习俗，以西炕为贵。在大方县

民居走廊

等地定居下来的满族，也多购置当地彝族等大户人家的现成房屋，按照满族居住习惯进行改造。时光荏苒，那些在冬季里暖洋洋的土炕成了老人们怀古话题，后代则早已习惯了软绵绵的床垫。旧时高房大屋也早也没有踪迹，现在生活环境和居住习俗受到周围的汉、苗、彝等民族的影响，房屋多为土木结构，屋上盖茅草或瓦，房屋形式以及功能布置也与当地其他民族大致相同。

传统节日也渐与当地民族趋于一致，现在附源村开始过"颁金节"等满族重大节日，与先辈们在同一块土地上载歌载舞。附源村满族的丧葬仪式还保留着两百年前的一些习俗：葬礼期间，一些满族人家会依照满族旧俗骑马向外奔跑数公里，据称是带亡灵回归故乡，想来，即使不

········●
炕

············●
刺绣

能叶落归根让那一缕魂魄回到故乡，也是些许的安慰。当然，我们还能在贵州其他地方找到满族的旧俗，例如过春节要在厨房碗架上摆上称为"样菜"的好菜，自大年初一至十五，每天拿出祭祖，不食用，祭祀后又收拾放回原处，每餐皆如此，直到大年十五才吃样菜，由于贵州满族世居地冬季寒冷，菜品可以长时间保存。

贵州满族粮食作物和经济作物主要有水稻、玉米、豆类、小米、高粱、烤烟、油菜，土特产有香菇、杜仲、天麻等。满族入黔之初，喜食小米和黄米饽饽，逢年过节和款待宾客喜吃饺子。迁徙黔西北以后，由于自然环境的改变，多以玉米为主食，其次是马铃薯、红薯、小米和高粱等，肉类以猪肉为主，兼有牛、羊、鸡、鸭、鱼等，喜吃豆腐，以"八块鸡"待客最为尊贵。"八块鸡"是将煮熟的鸡，切成八块，拌以佐料，进餐时主人先把鸡头献客或敬长者，之后才能举筷进食。每当客人来家，必以酒款待，客人离开，主人提酒陪同上路，敬酒送客。现在附源村的农家乐中，"八块鸡"就是游客青睐的满族特色菜肴。

　　乾隆年之前，黔西北只种旱地，没有水田，乾隆年间，据当时留居水西的满族宋氏族谱记载，宋氏先祖在河沟两旁垒坝造田，引进水稻种植，促进了生产的发展。根据满族农业生产习俗，当地农具种类中增加了水车、风车、犁等。农闲时，男的背煤到集市上卖。《大定府志》引余上泗《蛮洞竹枝词》云："晓出山尖结髻尖，负煤归去便担盐……"这是对留居水西地区满族生活的真实写照。

　　贵州满族的主要手工艺有刺绣、挑花和纺织。挑刺的花纹图案十分讲究，所绣的蝴蝶、花卉、云头等图案，构图得当，颜色鲜艳，神态生动。纺织的羊毛布、羊毛毡和羊毛帕，其线细匀，织工精致，美观实用。满族一傅姓人家现存"顶子"一枚，铜制镀金，高约2寸，形如葫芦。顶背有铜珠5圈，第1～4圈各有19粒，第5圈为13粒，均为单数；中层如枣子形，高约1寸；顶盖如向日葵，共有铜珠128粒。

　　石雕是满族传统工艺，主要盛行于黔西、大方、金沙三县交界的安洛河一带。刻于古墓的石砖、石碑上，技艺精湛，典雅壮观，堪称瑰宝。黔西、金沙、大方的满族古墓石碑上的雕刻图案构思巧妙，形式自然，工艺精湛，反映了满族的雕刻艺术水平。

石雕

● 乱花渐欲迷人眼——花区中的满族 ●

杜鹃花开

据2000年第五次全国人口普查，黔西县共有满族4888人，占全县人口总数的0.7%，占少数民族人口的2.8%。主要分布在金坡苗族彝族满族乡（现属百里杜鹃管委会）的桶井、雨灌、花坡、宋家沟、石笋、银厂、雷响孔，仁和彝族苗族乡的桃园、长田、平寨，以及重新镇的荆州、新建等村寨，这些村寨的满族人口都在100人以上，多的有300多人，城关镇的双桥、八块田、沙坝等村寨亦有少量分布。

百里杜鹃管委会的金坡乡附源村（宋家沟，原属黔西县管辖），新中国成立前，该村满族96人，现在满族人口较当时增长了135%。1664年后，满族先后迁居于此。满族人口中，以宋、傅、陈、赵、王、马六姓为主，其中宋姓25户、傅姓13户，陈姓9户、赵姓3户、王姓和马姓各1户。(李知仁，《黔西县金坡乡满族社会历史调查》，《贵州民族调查·卷三》，1985年)宋氏族谱载："明末之际，始祖从军，征水西有功，赐以百户侯，遂家于贵州之黑羊箐，即今贵阳府衙是也。至吾始祖照业翁，后迁至黔西逢水，建桥于宋家沟。""水西既平，吾始祖领照开垦，方移家居于宋家沟。"宋氏始祖宋照业，随吴三桂来黔，有战功封为百户侯，从贵阳迁至黔南，后迁到黔西的逢水，最后定居附源村。

百里杜鹃风景名胜区

百里杜鹃风景名胜区位于贵州省西北部，毕节地区中部。总面积大约125.8平方公里。风景名胜区内的杜鹃花树，具有密集、高大、耐寒、花期长的特点，被誉为"高原上的天然大花园"。共有杜鹃花23种，世界5个亚属中有4个亚属在此聚集。在3～5月的花期，可观赏纯白、银粉、水红、大红、乳红、橘红、淡红、鹅黄、淡紫、紫色等色的杜鹃花。境内天然杜鹃花林带绵延百里，每年阳春三月，各种杜鹃争相怒放，五彩缤纷，美轮美奂，素有"地球彩带、世界花园、养生福地、避暑天堂"之美誉。

今夕映山红

在与各民族交往中，宋氏仍然保持很多满族的生产生活习俗，其始祖、二世祖、三世祖均未用汉姓，二世祖名"磨易"，三世祖分别为"窝堪支"、"晃生父伦"等。由于受汉族文化影响，三世祖后逐步使用汉姓汉名。从宋氏族谱推测，当时黔西一带在平水西后，部分满族及蒙古、汉军八旗官兵和家眷就定居于此。

金沙县境内大贤村、桂花村的满族，也系清康熙初年随吴三桂进剿水西后定居下来的。

从贵州满族分布看，围绕百里杜鹃风景区呈一个放射状分布。除了几个以满族为主的村落外，很多村寨都有满族散居，从而形成了三县一管委会相邻近区域为核心的居住区。不知道是不是当初满山满坡的杜鹃花吸引了贵州满族的先民。这块风水宝地成为远征的满族扎根贵州的处女地。两百多年前的花依旧灿烂，拓荒者的后代日子一天比一天幸福，山山水水护佑着满族一代一代生息繁衍，姓氏变了、民俗弱化了，但流淌在身体里的血液，依然有着白山黑水的记忆。

花区

● 乌蒙山麓的满族村寨 ●

满族遗珠黔西北，从此黔山牵黑水。

历史的机缘让数千年生活在东北的满人辗转来到数千里之遥的西南贵州，数千人发展到数万人，内部往来、通婚发展到和周围少数民族互相帮助互相学习、彼此通婚。历经时光磨砺，那些满语乡音渐行渐远，满族文字也只是定格在墓碑或家谱上的几个符号。满族原生文

贵州满族民居门头

化的淡化在清朝灭亡后的百余年间似乎成为趋势，一条安洛河奔流不息，埋藏在祖辈心中的记忆越来越模糊。但无论如何，血液里奔腾的依然是满族豪放、勇敢与激情的因子，这是时光带不走的。

　　满族聚居的大方县、黔西县、金沙县和百里杜鹃管理委员会，目前还有数个满族聚居村落，如大方黄泥乡的槽门村满族人口占全村人口的三分之二以上，村中枝繁叶茂的古树，静静讲述满族定居三百多年的故事。虽然现在从大家的穿着、语言、民居已经看不出太多满族的痕迹，但一些满族老人还是在整理、研究祖先从东北到贵州的迁徙之路的历史。槽门在村口集资修建了满族迁徙定居纪念园，十多平方米的纪念园处处充满着满族历史文化的影子，高大的纪念碑铭刻着先祖迁徙的艰辛。虽然已经在贵州定居三百多年，但满族同胞依然对故土魂牵梦绕。

　　在百里杜鹃管理委员会，满族村寨——附源村把这种怀念变为实际行动，近年来村民齐心协力将村寨打造成了贵州土地上的满族标志村寨，贵州满族第一村的招牌名副其实。

　　黔西北山地海拔相对较高，细雨蒙蒙的天气，到处笼罩着浓雾。车子在盘山公里上行驶，几乎看不清路面。行至转弯宽敞处，却突然开朗，抬头处"贵州满族第一村"的牌坊巍然耸立。两旁树木林立在细雨中愈发青翠。正是午间，一群群小学生撑着雨伞从身前走过，这些满族的后代依然走在祖辈们踏出的山间道路上，只不过这条道路远比过去更加开阔，更加平坦。

●⋯⋯⋯⋯⋯⋯
附源村委会

附源村，位于毕节市百里杜鹃风景名胜区南部，430 户人家依山傍水而居，村落宁静祥和，全村92% 的少数民族中，满族人口占78%。村境内组组通公路，交通便利，水资源丰富，海拔1350 米，是百里杜鹃风景区知名文物——宋氏满族花坟所在地。全村森林覆盖率40%，波光浩渺的附廊水库位于村侧，气候温暖、湿润，适宜各类农作物生长。

土地里觅食的生活，伴随着满族祖祖辈辈。随着百里杜鹃风景区知名度的提升，如何改变自己的生活质量成为聪明的满族人思考的问题。贵州满族人口较少，而集中分布区域狭小，打民族牌、打特色牌、打旅游牌似乎行得通。满族特色文化旅游就此出炉。

通过挖掘满族文化资源，发挥满族文化对旅游产业的带动作用，附源村成为众望所归的"贵州满族第一村"。附源村因有一条河沟，且河沟两岸多为满族宋氏居住，所以又名"宋家沟"。附源村历史悠久，风景秀美，人杰地灵。在清道光年间，满族宋氏曾先后出了9 个文秀才，陈氏出了1 个武秀才。民国时期，贵州满族知名爱国人士傅德洋就出生在附源村，其旧居现在依然充满满族民居文化元素，并成为附源村标志性的满族民居建筑。

过去的附源村是远近闻名的贫穷满族寨子，虽然农业生产条件优越，但交通闭塞，村民发展的思想观念落后，全村房屋破旧，人均收入低，这使附源村长期挣扎在贫困线上。2007 年以前，附源村以种植玉米、高粱、黄豆等传统农作物为主，人均年纯收入仅有950 元。

在当地党委、政府的扶持下，包括满族在内的全体村民，知难而进，奋发攻坚，甩掉了贫困的帽子，旧貌换新颜，成为贵州省"满韵乡风、水墨附源"的"满族第一村"。附源村以打造特色乡村旅游为

贵州满族第一村——附源村满族民居

目标，突出满族原汁原味的民族风情特点，把农业和服务业结合起来，在推进乡村旅游发展的同时，不断增加群众收入。附源村建成了 1200 余平方米村级办公大楼及生态小公园、文体小广场、800 米廉政文化长廊、3.5 公里通村油路，全村人均纯收入从 2008 年不到 2000 元增加到 2012 年的 5500 元，农民增收致富，村寨美丽和谐。

步入村中，房屋掩映在山水之间，通村公路蜿蜒入村，经果林木延绵不断。一栋栋按照满族习俗改建以红色为主基调的满族民居交错矗立。红瓦、灰墙、蓝檐、圆柱，别有风情。村委会大楼高大雄壮，梁柱上还绘有脸谱、祥龙等满族传统民居装饰图案，屋顶上方雕有两条龙。屋檐上的花纹仿效了北方满族的文化样式，是政府专门到东北满族聚居的农村考察设计制作的，也成为满族第一村的招牌。附源村已被列入贵州省帮扶的"500 个特色民族文化村寨"之一。

为打造原汁原味的满族风情，村里订购了满族服饰，并请专家支招，每年举办隆重的"颁金节"，节日里精彩纷呈的满族歌舞吸引来大量游客，不出贵州就能欣赏到满族原住地文化。村里的著名浮雕文物"花坟"、声名远扬的满族名菜"八大碗"等洋溢着浓厚的满族文化色彩，同时借助"百里杜鹃"在省内外的知名度，利用附源村得天独厚的地理资源优势，使"贵州满族第一村"成为适合游客观花、踏青、垂钓、观花坟、品尝满族特色菜肴的好地方。

冬日的傍晚，当地的农家乐热气腾腾的特色饭菜上桌了，豆米火锅香气浓郁、色泽鲜亮，蒸得半熟的腊肉冒着油气，如同满族著名的刷锅，只要将腊肉放入滚烫的豆汤中煮上半分钟，美味即可入口。再配上自家种植的新鲜小白菜，色彩搭配天然，肉香和菜的清香顿时融入口中。誉满当地富有满族特色的鸡八块，软糯鲜香。鸡八块选用当地放养土鸡，按照在东北满族地区学习的正宗做法，满族特色烹饪、合理的价格，让满族菜肴既叫好也叫座，很受客人青睐，不仅外地游客，附近的当地人也在周末驾车前来品尝。

　　当然，村民们依靠旅游产业发家致富，离不开政府的支持和投入。省、市、管委会等部门投入750多万元，扶持村子的基础设施建设、产业结构调整和旅游产业发展，通过挖掘民族文化带动旅游业发展，充分促进民族文化和旅游经济发展。文化部门组织村民到东北满族人口较多的地方考察，建设民族风情的文化墙、文体小广场等，同时全村已改建满族特色民居224栋。附源村借助各方帮扶资源，把产业结构调整和乡村旅游发展结合起来，走观光农业之路，走民族文化旅游之路。在乡村旅游发展壮大后，村里又抓住这一机遇，提高旅游附加值，加强农家旅馆和农家餐馆建设，不仅让游客来，还要让游客消费，让游客满意。先后建成农家旅馆和农家餐馆10多家，可一次性接待80人住宿，300多人用餐。

　　与此同时，附源村村民自觉保护满族文化符号，陶罐石缸、木质古老门窗、发黄的满族族谱，莫不被村民视为珍宝。在附源村漫步如身临东北满族村寨。每一个关于祖先的记忆和文化符号，都成为今天政府打造"满族第一村"的深厚文化底蕴。

　　贵州满族的民族符号虽然中断了近百年，但满族的根深深地扎在贵州的土壤里，满族历史还将继续书写下去，未来之路将更辉煌灿烂。

贵州满族第一村

CONGAIXINJUELUO
从爱新觉罗

DAOLIUEZI
到"六额子"

● 引弓民族遍华夏 ●

　　历史悠久的满族，也是一个人口众多，分布地域广阔的民族。追逐猎物拓展了生存空间，追逐权利统治了全国，400多年来从东北黑龙江、长白山辗转入关，迁徙分布在全国各地。从小到大，由弱变强，历经磨难与艰辛，成为中华民族大家庭中人口超千万的民族。满族的足迹遍布全国很多重要城市，在我们的近邻四川的成都就有一座满城，现在著名的宽窄巷子就位于满城之中。

　　新中国建立后满族人口增加较快：1990年全国第四次人口普查满族人口为982.118万人；2000年全国第五次人口普查资料显示，满族人口增至1068.23万人，是全国仅次于壮族人口的少数民族，

也是东北地区人口最多的少数民族。与第四次
人口普查相比，满族人口增加了 86.112 万人，
增长率为 8.77%，平均年增长率 0.88%。目前
满族在全国的 31 个省、自治区、直辖市中均有
分布，主要集中居住在辽宁省，共有 101.84 万
人，人口在 10 万以上的地区有北京、河北、内
蒙古、黑龙江和吉林。在满族人口中，城镇人
口有 376.54 万人，占总人口的 35.25%；乡村
人口有 691.69 万人，占总人口的 64.75%。与
10 年前相比，满族城镇人口比例提高了 7.15 个
百分点。

驯鹰

　　民族自然迁徙以及历史政治原因，造成了
满族大分散之中有小聚居的分布特点。至 1992
年，满族主要聚居区共建立了：岫岩、凤城、新宾、
丰宁、青龙、宽甸、北镇、清原、本溪、桓仁、
宽城、围场、伊通 13 个自治县，在北京、天津、
内蒙古、河北、辽宁、吉林、黑龙江、贵州等省、
直辖市和自治区建立了 197 个满族乡、镇或满
族同其他少数民族、汉族共居的乡、镇。

中国满族自治县及成立时间

省	自治地方名称	成立时间	备注
辽宁省	新宾满族自治县	1985 年 1 月 7 日	
	清原满族自治县	1989 年 6 月 29 日	
	桓仁满族自治县	1989 年 9 月 7 日	
	本溪满族自治县	1989 年 9 月 7 日	
	宽甸满族自治县	1989 年 9 月 7 日	
	岫岩满族自治县	1985 年 6 月 11 日	
	（原）北镇满族自治县	1989 年 6 月 29 日	2006 年改为北镇市
	（原）凤城满族自治县	1985 年 6 月 13 日	1994 年改为凤城市
吉林省	伊通满族自治县	1988 年 8 月 30 日	
河北省	青龙满族自治县	1987 年 5 月 10 日	
	宽城满族自治县	1990 年 6 月 16 日	
	围场满族蒙古族自治县	1990 年 6 月 12 日	
	丰宁满族自治县	1987 年 5 月 15 日	

贵州满族乡

县、区、管委会	民族乡名称	备注
大方县	黄泥彝族苗族满族乡	
百里杜鹃管委会	金坡苗族彝族满族乡	原属黔西县
金沙县	新化苗族彝族满族乡	
	安洛苗族彝族满族乡	

● 贵州满族居何处 ●

　　满族在贵州的 17 个世居少数民族中人口居 16 位。贵州满族散居在全省 9 个市、州，据 1990 年第四次人口普查，全省 86 个县（区、市、特区）中有 80 个县级行政区皆有满族分布。中华人民共和国成立后，贵州满族人口数分别是 1953 年的 186 人，1964 年的 589 人，1982 年的 10367 人，1990 年的 16760 人。1990 年人口过千的有黔西县、金沙县、

杜鹃花

南明区。

第五次人口普查显示，贵州满族主要分布于黔西北毕节地区（现毕节市）（《贵州统计年鉴》），全区有满族人口8617人，占全省满族总人口的39.29%，仅黔西县就有4888人，占全省满族人口的22.29%。此外，在安顺市有1972人，贵阳市有5626人。六盘水市，遵义市、铜仁地区和黔南、黔东南、黔西南3个自治州共有5718人。

第五次人口普查满族在全省分布如下表所示：

贵州省各市州地满族人口分布统计表

州地	男	女	小计
贵阳市	2889	2737	5626
六盘水市	851	872	1723
遵义市	500	534	1034
安顺市	994	978	1972
铜仁地区	248	224	472
黔西南布依族苗族自治州	488	390	878
毕节地区	4602	4015	8617
黔东南苗族侗族自治州	312	267	579
黔南布依族苗族自治州	508	523	1031
合计	11392	10540	21932

毕节地区满族人口及性别统计

县（市）	男	女	合计
毕节市	78	101	179
大方县	711	625	1336
黔西县	2609	2279	4888
金沙县	1103	935	2038
织金县	25	24	49
纳雍县	33	25	58
威宁彝族回族苗族自治县	16	11	27
赫章县	27	15	42
合计	4602	4015	8617

贵州满族村寨的古柏树

　　1949 年新中国成立，满族人民成为中华民族中平等的一员。在"民主、平等和共同繁荣"的民族政策下，满族人民的政治权利得到保障。根据民族区域自治制度，在满族的聚居区建立了自治县、民族乡。通过民主选举，满族人民同其他各族人民代表一起，共同参与国事，行使管理国家大事的权力。党的十一届三中全会以后，贵州在毕节地区的黔西县建立了金坡苗族彝族满族乡和大方县沙厂区黄泥彝族苗族满族乡及金沙县安洛区大贤苗族满族乡、新化苗族彝族满族乡、宋坪苗族满族乡、木杉苗族彝族满族乡等。1990 年撤区并乡建镇时，除黔西、大方两县的民族乡仍保留原有建置外，金沙县原来 4 个满族联合建立的民族乡合并成新化苗族彝族满族乡和安洛苗族彝族满族乡。

统治没落隐姓名

　　我们再谈谈从女真更名为"满族"的过程。

　　让我们先回到 12 世纪初女真首领完颜阿骨打建立的金国。以骑兵著称的这个统治政权席卷了中国北部，烧杀抢掠给中原人民带来切肤之痛，宋朝中后期一多半的时间都在金国的阴影中苦苦挣扎。努尔哈赤建立的后金则目标更为远大，一统中国的梦想远远超越了祖先半壁河山的现实，挥师南下建立统一的帝国成为清初统治者的最大心愿。当然，战争不仅仅依靠铁骑、弓箭，女真烙下的民族仇恨很难在血流成河中飘散，对人心的拉拢和安抚更为迫切，况且当时后金的兵力不过区区数万。新兴的政权在占领地区已经遭到了当地其他民族人民的强烈反抗，如果面对中原、面对整个中国，各族民众必然会对女真梦魇般的名称蜂拥反抗。为了缓和民族矛盾，"女真"更名"满洲"也就顺理成章了。

清朝皇帝像

17 世纪初期，后金的统治中心基本形成以辽沈为中心的连片地区，处于政权统治下的大部分女真人来到了辽沈地区后，集中在该地区的数万女真人成为更紧密的民族共同体，与还分散在东北各地的散居部落在政治地位、经济发展上有了较大区别。辽沈地区的女真与当地其他民族人口数量对比中处于绝对下风，但在频繁接触中，部分其他民族融入到了女真社会，甚至部分明朝降将已在满族政权中占据一定位置。因而女真这个长期代表广泛群体的名称，似乎不能够代表这部分统治者和其属下百姓，于是在天聪九年（1635 年）皇太极在沈阳颁布谕令，不再使用"诸申"的女真原有族名，而用"满洲"作为新族名。后来满族人就把改名的这一天暨农历十月十三日作为满族新的民族共同体诞生的纪念日。现代满族也在这一天举行盛大纪念节日——"颁金节"。

大清入关后，"满洲"这个族称一直没有改变，相对于"满洲"的称谓，"八旗"和"旗人"似乎更为普遍，老北京民间就基本以"八旗"和"旗人"替代了对"满洲"的称呼。现代满族群体中，很多并非是女真人的真正后代，原因也在于清代的八旗制度。很多蒙古族、汉族的先民被编入蒙古八旗、汉军八旗，也有其他民族祖先沦为旗人的奴仆、壮丁，或与旗人通婚后申报认定为满族。因此严格意义上说，满族是经过近300年多民族和群体不断融合而形成的一个民族共同体。

清朝后期满族统治者闭关锁国，不肯接受外来思想和先进的政治制度。在帝国主义侵略面前，软弱无能、投降卖国，激起广大爱国志士和人民群众的反抗，最终导致1911年爆发了资产阶民主革命——辛亥革命。宣统帝溥仪逊位，满族在中国历史上的统治地位终结。孙中山早期提出的"驱除鞑虏，恢复中华"的口号，饱含着对满族至高无上权利的反对，以及其他民族对满族作为统治阶级残酷压迫的反抗。在辛亥革命长期的斗争中满族逐渐式微，地位急剧下降。迫于民族歧视的压力，很多满族人改变或隐瞒身份，特别是分布在南方的广大满族群众不敢声明和暴露自己的民族成分，这其中也包括居住在贵州的满族后裔。据笔者采访的贵州部分满族，其祖父一辈在新中国成立初期基本以汉族和彝族、苗族为民族成分，大方县当时申报为满族的只有区区数百人，很多人户口都是在上世纪80年代后，更改为满族。大方六龙一带部分村民在民族识别中被认定为满族，但至今不愿意恢复满族成分。

民国初年时有过一次统计，北京作为满族的第二故乡有人口60余万人，到1949年北京满族登记人口仅为2万人。满族统治结束后，民族歧视给满族造成很大的思

晚清八旗

想压力和心理恐惧。《末代皇弟溥杰传》中就提到满族地位的变化和遭受的待遇："当时，不光是父母，甚至连整个爱新觉罗家族都对溥杰说，自从'中华民国'成立以来，满族处处受到排斥，皇族都必须改姓为金，如不改姓就不能就业等。"

晚清景象

　　辛亥革命后，满洲人多改称"满族"人。所以，满族的称谓是从民国开始的。新中国成立后，正式使用满族族名，满族开始与全国其他少数民族一样，真正获得了翻身解放，成为中华民族大家庭的一员，享受政治、经济、文化等方面的平等待遇，从而走上了繁荣昌盛的新历程。

● 返本归原觅族籍 ●

　　在清朝统治时期，满族成为统治民族，满洲八旗、蒙古八旗、汉军八旗在政治、经济上受到优待。清代中叶以后，八旗后裔家道逐渐败落。辛亥革命后满族社会地位急剧下降，旗人生计艰难。民国年间，虽然提出汉、满、蒙、回、藏"五族共和"的口号，但由于历史上留下的民族仇恨心理，满人多遭歧视，且在清代两百多年中，大部分满人已通汉文、说汉话，于是将满姓改为汉姓，不敢承认满族身份，导致有的人隐瞒民族成分，申报族别时改报为汉族和其他民族。1949年新中国成立，在"民主、平等和共同繁荣"的民族政策下，满族人民的政治权利得到保障。

　　1952年中央统战部在文件中首次明确："满族是我国境内的一个少数民族。"1954年第一届全国人民代表大会第一次会议召开，老舍、罗常培、秉志、万毅、关山复、载涛等人作为满族代表参会，随后老舍、罗常培被任命为中央民族事务委员会委员，载涛被任命为北京民族事务委员会副主任，成为满族平等地位实现的标志。

根据民族区域自治制度，在满族的聚居区建立了自治县、自治乡，让满族人民行使自治权。通过民主选举，满族人民同其他各族人民代表一起，共同参与国事，行使管理国家大事的权力。中国共产党十一届三中全会以后，进一步贯彻党的民族政策，广大满族人民纷纷要求正本清源，追宗寻祖。

满族崇拜乌鸦和喜鹊

1981年5月20日，时任大方县政协委员的傅若渊（字洪范），向国家民委写申请，要求识别祖先、恢复满族的族称。1981年6月24日，国家民委批复"尚待识别，才能明确"，"该族的政治经济文化等情况，有待确定民族成分，予以研究"。根据贵州省人民政府（1981）112号文件和毕节行署发（1981）172号文件精神和《贵州省民族识别调查提纲》内容，黔西、大方、金沙三县相继成立民族办公室，促成民族识别调查组，对清朝随军入黔的满人进行识别。根据满族的有关历史文物和习俗，反复印证和研究，如服饰的坎肩，满语称巴图鲁，有鲜明的满族特色。祭祀时戴的

金坡满族

黔西北高原平湖

铜鹊顶，是鸟衔珠而孕的寓意，个别的墓碑上刻有满文。满族入黔定居后，为了防止坟茔错乱，纪念祖先，特制与其他民族不同的墓碑。按照科学依据和有关规定，毕节地区行署，大方、黔西和金沙县人民政府，听取了民族识别组的报告后，按国务院人口普查领导小组、公安部和国家民委（1981）民政第 601 号《关于恢复或改正民族成分处理原则的通知》第八条的规定，大方县民族识别办公室，方族识字（1983）1 号请示报告，报请县人民政府批准，方府复字（1983）8 号文件和金沙县人民政府，金府发字（1983）18 号文件批准，于 1983 年 5 月中旬，大方、金沙两县相继召开返本归原庆祝大会（暨颁金会），正式宣布恢复满族族称。并将这一具有划时代意义的时间定为贵州满族的"颁金节"。（但目前还是以 12 月 3 日过"颁金节"为多）

● "六额子"的插曲 ●

六额子作为一个民族群体出现在今贵州西部地带，首见于乾隆《贵州通志》的记录。而成书于康熙年间的田雯《黔书》、康熙《贵州通志》、陈鼎《黔游记》等，都不曾提到贵州境内有六额子。（贵州省民族研究所编《民族研究参考资料》第十五集《卢人》引田雯《黔书》有"六额子"。但云南大学图书馆藏刻本《黔书》却没有"六额子"。而《民族研究参考资料》所引六额子的记录却与成书于嘉庆年间的李宗昉《黔记》的记录完全相同）乾隆《贵州通志》卷七《苗蛮》说："六额子，在大方（今大方县），有黑、白二种。男子结尖髻，妇人长衣，不着裙。人死，葬亦用棺，至年余，即延亲戚至墓前，以牲酒致祭祀，发冢开棺，取枯骨刷洗至白为度，以布裹骨，复埋一二年余，仍取洗刷，至七次乃止。凡家人有病，则谓祖先骨不洁云。近经严禁，恶习渐息。"《大定府志》载："六额子，亦名宋家。男子衣青衣，著裈袴、草履，妇人不裙而袴。婚以牛为聘。今读书者渐多，诸恶习已尽革矣。黔西州之六额子居宋家沟。"近代"卢人"即六额子，人数已不多，主要分布在大方、黔西、毕节等县境内，以大方县的人数最多。"卢人"（六额子）已操汉语，能够说本民族话的人已经很少。

新中国成立后，大方县境内向政府申报的少数民族族称有彝、苗、南京、穿青、蔡家、仡佬、龙家、禄人、布依等。1950 年，政务院认定苗、彝、

贵州满族石雕局部图案

布依、仡佬为少数民族。六额子（禄人）没有进入少数民族族称的认定。当时大方、黔西、金沙三县交界一带，有1000多户，6000多居民没有正式族称。1981年和1982年，大方、黔西、金沙的民族识别组配合起来，对"六额子"进行识别。（《大方县志》，1996年版，《关于"六人"认定族称的请示报告》，大方县民族识别办公室，（1986年10月翻印）

大方县民族识别办公室根据贵州省人民政府（1981）112号文件精神，结合地、县领导机关的意见，在上世纪80年代，对"六人"（即六额子）进行了调查识别。大方县民族识别办公室配合黔西、金沙民族识别调查组，走访了黔西、大方、金沙三县"六人"22个姓氏，220多户。召开了小型座谈会60多次，并对40多人作了发言录音。

在调查过程中，调查组调查了460多座坟墓，并与彝、汉两族的90多座坟墓进行了分析对比。选择拍照了"六人"13口墓碑；查清了四套谱书、几本经书，结合民间传说进行分析。对民间的云肩、首饰等有参考价值的文物进行拍照和对比分析。

为了弄清"六人"的历史渊源，调查组查阅了大量文献和地方志，并对相关内容比照"六人"的谱书、碑记、传说、民俗等作了分析、对比印证，县民族识别办公室将其墓碑和傅、安、高、宋、黄、游、杨、周、

刘、熊、倪、姜、赵等13
姓氏的始祖做了考证，弄
清了"六人"的基本情况
如下：调查证实，"六人"宋、
黄、游、杨、傅、赵、安、高、
邬、刘、周、姜、倪等姓氏，
祖籍东三省，始祖是明末、
清初随清军入关来的……
墓碑、谱书表明，来的前
两代无汉姓、汉名；第三、
四、五代，用两种姓名；
第六代以后全用汉姓、汉
名。到现在已有十二三代。
（熊桂昌，《六额子识别
始末》，《金沙文史资料选》
　　大方县人民政府对县
民族识别办公室报告的批
复称"你办对沙厂区未定
族称的'禄人'（也称原

贵州满族祖先牌位

人)的历史情况作了周密的调查。通过所搜集的各种历史资料进行识别。
认定沙厂区"禄人"系满族后裔。并根据他们归属满族的意愿，特向
县人民政府提出"关于对本县沙厂区'禄人'（也称原人）返本归原
为'满族'的请示报告"。县人民政府认为"县民族识别办公室对沙
厂区未定族称的'禄人'的识别是正确的。既然'禄人'有归属满族
的意愿。县人民政府同意沙厂区'禄人'返本归原为'满族'"。（大
方县人民政府对县民族识别办公室方族识字（1983）1号报告的批复）
1982年2月，县人民政府批准禄人143户，651人为满族。在民族识
别过程中，尚有零星更改民族成分为满族的。1990年人口普查统计，
全县共有916人，第五次人口普查全县有1336人。

CHUNCHIXIANGYI
唇齿相依
DE 的
MANHANWENHUA
满汉文化

清王朝的建立与满族的八旗制度息息相关，没有八旗制度满族不可能在短时期内从争权夺利的众多部落发展到统一的国家，不可能以数万之众战胜上百万的明朝军队，历史的进程也说明——没有八旗制度就没有清王朝的建立。清王朝的天空猎猎飘扬着黄、红、蓝、白交织在一起的彩色旗帜，这些旗帜的颜色涂抹着满族的生活，在今天满族挂旗过年，偶或在贵州满族村寨老人们展示一面斑驳的旗子时，我们依稀感觉旗角拂过面颊。

● "你中有我，我中有你"的满汉文化 ●

满族文化源远流长。在统治中国近300年的时间里，满族创造的灿烂民族文化影响了中国历史发展进程。早期的满族文化烙下了女真和蒙古文明的印迹，在包容并蓄的基础上发扬光大。文化交往总是相互的，在满族对汉族征服过程中，汉文化同

高山草原

时又征服了满族文化。特别是入关后的满族上下虚心学习汉族文化，将满族文化和几千年的儒家文化融会贯通，形成了充满独特魅力和突出特点的满族文化。

早期渔猎为生，后期征战连连，为生计所累、为战争所困，满族文化发展缓慢，文化成就上也鲜有自己的经典。满族成为统治阶级后，在不到三百年时间里文化发展迅速，名家经典层出不穷，成为少数民族与汉族文化融合渗透的典范。

文化的发展需要解决语言上的沟通，长期马背生涯的八旗子弟讲满语习满文，对"之乎者也"知之甚少，"双语教育"成为皇帝解决满汉沟通的首要问题，皇太极设立了翻译汉文典籍的文馆，将汉族经典翻译成满文，让早期的清朝上层人士得以接触并感受到汉文化的博大精深。之后，随着汉文经典大量翻译成满文，"扫盲教育"普及到八旗兵丁，汉文逐步影响并改变了满族民众的思想意识观念和价值取向。学习汉族文化成为入关后满族人的风气，人人皆以掌握汉文化为荣。在号召"国语骑射"的同时，统治者也并不反对满族对汉文化的接受，因为从顺治到康乾都是欣赏并推崇汉文化的，康熙、乾隆还用汉文创作了大量文学作品。

顺治后，满族民间涌现出对汉文化有深入研究的文人，其文化成就首先体现在诗词上。鄂貌图是满族文学的开山人物，他随同八旗军

清朝城市景象

队转战西北、西南和东南，可以说走遍了中国大地，在战争中积累了创作素材和实践，其《北海集》成为满族人的第一部诗集。《熙朝雅颂集》和《八旗文经》等也收录了满族文人的大量作品。到纳兰性德时，满族文化特别是满族文学创作达到了一个巅峰，纳兰性德的诗词成就赢得了汉族文人雅士的认可推崇，其词婉约精致、感人至深。

经过清朝前期对汉文化的普及和铺垫，清朝中期满族文化达到了一个繁荣阶段，袁枚说："近日满洲风雅，远胜汉人。虽司军旅，无不能诗。"满族文人阶层队伍壮大、作品丰沛可见一斑。而曹雪芹的长篇巨著《红楼梦》更是满族人创作的里程碑，作品融合了满汉文化，对满族贵族生活和风俗习惯进行了详尽描写，是中国古代小说的巅峰之作。满族女词人顾太清在满族中享有等同宋朝著名女词人李清照的声誉，所谓"八旗论词，有男中成容若，女中太清春之语"，虽然由于生活的局限，她的诗词题材比较狭窄，但是凭借过人的才华和清新的词风，顾太清成为在中国文学史中占有一席之地的满族女词人。《儿女英雄传》的作者文康，将生动俏皮、朗朗上口的北京话融入《儿女

欢乐的人们

英雄传》的文字，使《儿女英雄传》
成为满族作家汉语创作的名著。产生
于八旗子弟中间的满族曲艺——子弟
书，也是满族文学的一个重要成果，
这种民间鼓词生动地描述了北京旗人
的市民生活，对反映现实和娱乐生活
都有着积极的作用。

晚清图景

　　受到汉文化熏陶的满族知识分子
娴熟地运用汉文创作诗词歌赋、小说，
佼佼者与汉族知识精英比肩。"你中
有我，我中有你"的文化交融，促进
了各民族文化的丰富和发展，也弱化
了民族间的矛盾和隔阂。

　　满汉文化的交流融合也与政治功利分不开。满族入关前是一个政
治、经济、文化等方面都比较落后的民族，满洲以武力征服、统一幅
员辽阔、人口众多、历史悠久，社会经济和文化高度发展的汉族和其
他民族地区，仅仅靠推广满族的文化取代汉族文化是不现实的。不对
文化积淀深厚的汉族文化进行开放性学习，不了解和吸收汉族文化，
满族的统治必将岌岌可危。因此，作为最高统治者的皇帝就树立了榜样，
刻苦学习汉族文化，同时大力提高本民族文化水平。

　　康熙皇帝大力宣扬汉族传统的封建思想，推崇程朱理学，通过各

满族大家庭

种渠道灌输正统的封建思想，在北京设立了景山官学、咸安宫官学、八旗官学等，各地八旗驻防地也设立官学或义学，学习满文、汉文，并要依次讲读《四书》《性理精义》《资治通鉴》等经典。清朝皇帝重视对汉文典籍的整理，最著名的莫过于组织官员编撰了现存最大的类书《古今图书集成》和中国文化史上里程碑标志的《四库全书》。在满汉文化交往的过程中，清朝对中国古代文化的整理、保存做出了重要贡献。

随着与汉族社会的广泛接触，清朝贵族延请汉族文人名士教习子弟蔚然成风，汉族文化首先在满族内部传播，一代一代延续，汉语逐步取代满族语言成为交流的主要工具，很多满族文人的创作也使用汉语。汉族儒家伦理观念也逐步渗透到满族人群中，一些入关前的婚丧礼仪被汉族礼仪所替代，汉族的繁文缛节影响着满族的社会风气，满汉封建思想文化逐步融合。

········●
舞蹈

今天的满族人口超过千万，足迹遍布中华大地，在与包括汉族在内的其他民族不断交融发展中，鲜明的民族特色逐渐消失，与汉族在语言、文化、居住、风俗习惯等方面渐趋一致。贵州满族远离满族聚集的东北数千千米，时间和空间的阻隔使得满族和周边民族来往更紧密，互动更频繁，与本地民族间文化交往、融合较满族集中生活的北方更为密切。满族在贵州民族大家庭中与其他民族平等、和谐相处，实现了共同团结进步、共同繁荣发展，缔造了新形势下贵州民族关系的重要格局。

● 黔山代有人才出 ●

　　世居贵州的满族很早就接受汉文化教育。满族非常重视教育，即使家境差的也要尽其所有培育子女入学。相传金沙县大贤杨家湾满族农民杨某很穷，穿麻布衣去考试，别人讥笑为麻布生，后聪颖高中，四乡钦佩。满族文化程度历来比当地其他民族高。初入黔时，当地人烟稀少，土地荒芜，经济文化落后。到雍正乾隆年间，经济逐步发展，生活富裕，读书人增多。嘉庆之后，宋、黄、游、安、杨、傅、高、倪、姜等姓家族随着的经济逐步发展，读书人也增多，文武秀才不少，还有廪生、贡生。例如槽门满族村就有文林郎的墓。今安洛苗族彝族满族乡安氏族中考中秀才的4人、廪生2人。杨氏自康熙年间迁入，从第三代起每代都有人做塾师，族人读书很少去请外姓教师，入黔四世公考中秀才，

满族衣帽

五世公考中廪生，闻名黔西北，后来开办竹林书院主要招收满族学生，黔西县三重堰满族的四五个秀才都是他的学生。七世公考中廪生。黔西宋家沟宋氏先后出过8个秀才，游氏也有几个文武秀才。金沙、黔西傅氏族中有傅汉山、傅静山兄弟俩及晚辈傅德洋3人同时考中秀才，时人誉为傅家"一榜出三个"。傅德洋11岁童试入学，16岁入洋（中秀才），次年补廪生，留学日本。傅德洋崇拜孙中山，拒绝袁世凯政府聘任，回乡办学。如今附源村尚保留其旧居。中华人民共和国成立前，满族到黔西、大定、贵阳读书的人不少，也有进军官学校后来任军职的。入黔满族中女子读书的也不乏其人。

　　改革开放后，农村经济发展，满族教育也进一步得到发展。满族人口较多的黔西县金坡苗族彝族满族乡附源村（现属百里杜鹃管委会），据1981年统计，有125户，617人。其中满族52户226人。满族中学生15人，小学生84人，入学人数占本民族总人数的43.71%。

1984 年该乡第一次有大学生 2 人，其中 1 人是满族。突破了本地区和本地区满族历史上无大学生的纪录。21 名教职工中，有 1 人是满族。金沙县安洛中学自 1985 年以来，每年招 100 名少数民族学生，到 1993 年共招收 900 名，其中满族学生 189 人，占招收少数民族学生总数的 21%。该乡大贤小学，1985~1993 年共有毕业生 405 人，其中满族学生 212 人，满族毕业生占毕业生总数的 52.3%，占少数民族毕业生的 70.2%。考上中专 19 人，大专 1 人，本科 4 人。其中杨世贤受其先辈世代重教风气影响，虽家贫，但为培育子女，卖树卖牛卖农副产品，倾其所有，4 个子女中 2 人考入中专，2 人考入本科，本科生中一个毕业于西南师范大学，一个毕业于北京外国语学院。杨世贤成为金沙县满族中有名的"秀才之家"。金沙县新化苗族彝族满族乡撤区并乡建镇前，利用当地资源，发展煤炭产业，经济大发展，乡党委和乡政府把企业收入的一半投入教育，新建中心小学 1 所，改造 5 个村校，总

高原山色

投资 600 万元，改善办学条件。乡政府重奖考取大学的学生，考中者，每人奖励现金 1000 元。1988~1990 年，三年间考取了 3 个大学生，其中一个是满族大学生。撤区并乡建镇后，该乡每年财政收入的 10% 用于教育，满族学生升学率达 95% 以上。

黔西街景

省外入黔工作的满族，本身文化素质就高，多是技术工人或大专本科毕业的干部、教师、科技人员，其子女亦然。生于贵州遵义的满族人周百穗，是著名京剧旦角，国家一级演员，贵州省政协八届常委，九届委员，民盟盟员，中国戏剧家协会会员，贵州省戏剧家协会理

具有满族文化元素的墙画

事，中国文化促进会会员。23 岁的金沙县安洛乡小学教师、满族姑娘黄小丽在"国酒茅台"杯 2006 年多彩贵州旅游形象大使毕节地区选拔赛中，以其独特的民族风貌、体现少数民族精神的演讲及优异的个人才艺展示，赢得了观众和评委们的一致好评，荣获地区选拔赛二等奖。

"多彩贵州"舞台上着旗袍、踏花盆鞋，充分展示满族传统文化的杨雅雯也是贵州满族。

黔地满俗的消退与新生

文化是一个地方或一个民族长期发展、创造积淀的物质和精神产物，表现在风尚、习惯等方面。满族文化历经了入关前和定都北京后两个大的历史阶段。满族进关后，满汉等各族人民杂居共处，相互学习，相互影响，共同推动中华民族走向强盛。时至今日，虽然在语言、文字和衣、食、住、礼仪以及婚、丧、宗教信仰等方面的风俗习性，满族仍然保持着一些传统的民族特色，但在几百年的民族长期交往中，满汉形成文化趋同，共同守护着大家共有的中华文化。贵州满族同样在两百多年的时光磨砺中，一代一代的文化传承呈现梯级弱化甚至消失。但在提倡文化多元和共同发展的今天，文化的回归在经济日益发展的过程中被提上日程，满族文化知识比过去任何时候传播普及得快，对满族身份的认知在青少年中更为强烈。贵州满族居住区倾力打造的满族风情村寨，让我们看到了满族文化在贵州复兴的希望，各村寨一大批有识之士对遗留的满族文化收集整理和到东北故地参观、学习，使得满族文化再一次在贵州蓬勃生发。

民间文化不外乎表现在衣、食、住、行和节日娱乐等方面。贵州满族第一村——附源村派代表到东北满族故地考察，也是紧紧抓住和满族日常生活息息相关的文化进行学习和挖掘。满族文化的第一感性认识便是神秘奢华的满汉全席、华美端庄的旗装等。不论聚居东北的满族还是扎根贵州的满族，这些生活中的光影不会在时间的冲洗下淡化消退。

满汉全席

● 满韵黔装 ●

满族的服饰色彩多以淡雅的白色、蓝紫色为主，红、粉、淡黄、黑等色也是其服饰的常用色。满族传统有尚白的习俗，以白色为洁、为贵，也象征着吉祥如意，白色在满族服饰中是最重要的颜色，在满族服饰中常在红色、蓝色等其他颜色的旗装上镶白色的花边。

满族妇女心灵手巧，擅长刺绣，她们在衣襟、鞋面、荷包等服饰构件上刺绣花卉、芳草、鹤鹿、龙凤等吉祥图案，衣袖上绣的花最多。满族入关以后，服饰图案中也常出现许多汉族的福、寿、万等字的吉祥符号。虽然满族的服饰有很强的民族传统特色，但也随其历史的发展在不断地演变着，长期与汉族杂居，在服装款式上，服饰色彩与服饰图案上都有不同程度的变迁。

民国以前，贵州的满族在服饰上保持了浓郁的民族特色。男子服饰上衣为马蹄袖长袍，两侧开衩，右襟开口，使用布头做的纽扣，衣服宽松，大襟大袖，托肩，袖口水脚不镶边，束腰带。衣服色调多为黑色和蓝色。下身穿长裤，裤筒长及脚边，裤腿肥大，也不镶边，以蓝、黑色为基调。男子留长发，梳成独辫，头上戴素色瓜皮小帽，脚穿黑色布鞋。妇女上衣为过膝旗袍，旗袍高领，袖子宽大，大襟两侧开叉，

贵州满族服饰

旗袍

旗袍，作为世界上影响最大、流传最广的中国传统服装，是中国灿烂辉煌的传统服饰的代表作之一，虽然其定义和产生的时间至今还存有诸多争议，但它仍然是中国悠久的服饰文化中最绚烂的现象和形式之一，旗袍为民国20年代之后最普遍的女子服装，由国民政府于1929年确定为国家礼服之一，1949年之后，旗袍在大陆渐渐被冷落，尤其"文革"中被作为封资修象征大量毁坏。上世纪80年代之后随着传统文化被重新重视，以及影视选美等的影响，又逐渐在大陆地区复兴，影响力传播世界各地。

排扣缝制在大襟右侧，袖口镶排花宽边，从开叉处到水脚均镶有挑花边，水脚四角还绣有排花云头图案，服饰花纹多为花草之类，一般所用的衣服布料基色也为黑、蓝色，花边则绚丽多彩，在旗袍内穿有长裤，裤脚宽大并镶有彩色绣花宽边，布料色调同旗袍，头上包裹白色布帕，脚蹬云头鞋。中、青年妇女和少女的服饰基本相同，老年妇女的服饰和布料素色为主不镶花边。居住贵州的满族妇女还保留了喜爱戴首饰之习惯，所戴首饰的种类主要有手镯、耳环、项圈之类，首饰多为银制，其次为玉石制品。首饰主要靠购买或请其他民族工匠打制，当地满族少有首饰匠人。

● “烟囱立在地面上” 的满族民居 ●

⋯⋯⋯⋯⋯⋯⋯●
屋边的烟囱

地窨子的建筑方式

　　建造地窨子的房址，一般选在背风向阳、离水源较近的山坡。先向地下挖三四尺深的长方形坑，空间大小根据居住人口多少确定，在坑内立起中间高、两边矮的几排房柱，柱上再加椽，椽子的外端搭在坑沿地面上或插进坑壁的土里，顶上绑房笆和草把，再盖半尺多厚的土培实，南面或东南角留出房门和小窗。其余房顶和地面间的部分用土墙封堵。这种房子地下和地上部分约各占一半，屋内空间高两米左右，或砌火炕、或搭板铺在地中央生火取暖。房顶四周再围以一定高度的土墙或木障，以防牲畜踩踏。

　　北极的爱斯基摩人发明了“冰屋”抵御严寒，处于中国“北极”的满族在渔猎时代就建造了“地窨子”居住，在房屋建造方面的智慧可谓各有千秋。满族有“夏则巢居、冬则穴处”的居住习惯，夏季防雨，在林中树木上搭设满族称为“马架子”的棚子居住，如鸟栖树；冬季御寒，在地上挖穴，修建成半地上半地下的棚子，称为“地窨子”，“地窨子”建造方便、保暖性好。

　　步入定居生活后，随着生活环境的变化和经济社会发展，特别是与汉族等其他民族的广泛接触，满族民居建筑的特点也在不断演化。“筒子房、万字炕、烟囱立在地面上"的民居房屋构造成为标志性的特色。满族民居以单排单层为常见，正房多为三至五间，坐北朝南，居室空间明亮宽敞，用于接待客人。房门开在东侧第一间或第二间，与汉族中间开门，左右对称的传统布局有所差别。门间为灶房，西侧连在一起的多间房屋为居室。因为从一侧开门而称之为"筒子房"或"口袋房"。因取暖需要，

烟囱立在地面上的满族民居

全家人冬天有居于一室的传统。在居室内砌有南、西、北三面相连接的"万字炕"，俗称"转圈炕"。南、北炕住人，家中长辈睡南炕并靠近最暖和的炕头，南、北炕与房屋等长，屋子西面沿着山墙为窄炕，把南北炕联了起来。西炕为尊，供奉祖宗神位，墙上供着祖先神板，炕上设摆香案，一般不住人，最忌小辈和妇女坐，只有老人与亲姑爷可以坐。室内有炕桌，吃饭、写字都用它。

满族民居的烟囱不修在屋顶，而是修在地面上。烟囱上细下粗，满语称为"呼兰"。烟囱在地面上可以延长室内烟道长度，提高热量。同时冬季烧炕过火量大，烟囱为宽大的台柱型，修在地面上更适宜安置。"烟囱立在地面上"的奇特风俗，我们现在在东北农村还常见。

此外，满族家庭房梁上常悬着悠车，用桦木皮做成长方形或椭圆形摇篮车，出生的婴儿就放在里面睡觉，母亲边悠车边哼着摇篮曲。所以有民谣说："东北有三怪：窗户纸糊在外，大姑娘叼烟袋，生了孩子吊起来。"

农村满族居住的院落都比较宽敞，围墙用草泥混合后筑墙，也有用树枝、木材、高粱秸扎成篱笆圈围成墙。南面正中为大门，住宅前建有"苞米楼子"，实际上是简易的储存仓库，可以堆放收获的玉米等粮食，狩猎时代还存放兽肉、兽皮、野果等。楼子以直木为柱，底

满族民居

部悬空离地两三尺高，中间用横木相连或铺木板，楼顶盖两面斜坡顶。"苞米楼子"就地取材，搭建方便，通风良好，防止禽兽糟蹋粮食。现在多加高楼底悬空空间，筑墙圈养猪、鸡等家畜、家禽。此种建筑颇有贵州干栏式建筑特点，只是上面不住人，只堆放物品。

　　满族进入贵州后，对环境的熟悉需要过程，特别是居所非急切所能立就，因此购买当地居民的现成房屋成为主要居住途径。由于经济富裕，加上政治地位上的优越，进入贵州的满族很容易获得所需要的一切财富，包括房屋、土地、耕牛等生活必需品和生产工具。因此，在保留当地建筑特色的基础上，加以满族化改造，就成为具有地域特点和民族特色的贵州满族建筑。

● 舌尖上的黔乡满味 ●

满风菜肴

　　满族渔猎生产生活方式形成其独特的饮食结构和饮食特色。满族先民食用兽、禽类和鱼肉以及干、鲜野果，农耕经济时代饮食结构有了变化，粮食成为主要食物，但渔猎时代的饮食传统依旧影响着日常生活。因而，满族烹调以烧、烤为特色，野菜、菌类等山珍和鹿、狍、獐、雁等野味都是满族烹饪的原料。

满族在贵州经过三百年发展，饮食方面与当地习俗已大体相同，过去主食为玉米，其次为马铃薯、红薯、高粱等，由于水田较少，所以稻谷无法满足所需，不能成为主食。现在随着农业生产技术的提高和经济条件的改善，米饭成为餐桌上的主食。在饮食上没有什么禁忌，猪、牛、羊、鸡、鸭、鱼等都食用。

贵州满族居住地坝子相对较多，适合蔬菜种植，蔬菜品种较多。满族人民尤其喜欢吃豆腐，有用"鸡八块"招待尊贵客人的习俗，其做法是：将鸡宰杀洗净后，将整只鸡放到锅里煮熟，捞出后把鸡砍成八块，拌以食盐及其他佐料，盛于盆内。食用时，先由主人动筷，客人方才进食。除独具特色的饮食外，贵州满族同时还保留着东北满族淳厚热情的送客方式，客人辞别时，主人要提一壶送客酒，送到路上，并不时给客人斟酒，如客人被灌醉了，又重新将客人接回家里招待，直到这位客人不再为送客酒所醉，才让客人离去。

主食 满族祖辈生活的东北一带土地肥沃，粮食生产种类很多，过去玉米、稗子、高粱米、小米、荞麦都是主食。现在以大米、小麦为主食。一日三餐，习惯早晚吃干饭或稀饭，中午吃黄米或高粱做成的糕、饼、馒头、饽饽、水团子等。满族农村现在还有吃水饭的习惯，将做好的高粱米饭或玉米馇子饭用清水过一遍，再放入清水中泡，吃时捞入碗中，清凉可口。水饭方便快捷，适宜夏季食用，现在周围的其他民族纷纷仿效。

满族人喜食黏食，以饽饽为主。饽饽是满族人对各种糕点的统称。主要有糖火烧、燕窝酥、牛舌饼、茴香饼、佛手、马蹄等30多样花色。饽饽也是满族祭祀中必不可少的祭品。八旗官兵战争中以饽饽为军粮，既便于携带

桌上佳肴

饽饽

又经饿。现在到满族人家做客，主人必会端上各种饽饽招待。四季做的饽饽各有不同，春季为豆面饽饽，夏季为苏叶饽饽，秋季为黏糕饽饽，冬季为牛舌饽饽。各种饽饽以黄米、面粉为主料，包各种馅料，外面还要包上有香味的植物叶片。

撒糕是过去满族大祭的供品。将小豆磨成豆糁，豆皮滤出后豆糁蒸熟制成馅料，将糯米面用水拌均匀，在蒸笼内将糯米面撒入铺平，将蒸熟的小豆馅料放在糯米面上，待蒸熟后再放入糯米面盖在馅料上。撒糕做好后切成方块祭祖。满族人家在正月里做撒糕，其色泽暗红，蕴含喜庆之意。贵州满族在春节等盛大节日时用糯米制作糍粑，分包心糍粑和白糍粑两种，这与贵州的其他民族相似。

蔬菜和肉类　满族聚居在北方，冬天严寒，大地冰封，不出产新鲜蔬菜，因此秋天腌制大白菜、制作酸菜成为满族生活中的大事。有条件的农村挖地窖储存大白菜、土豆、大葱等，城乡群众则家家户户腌制酸菜。腌制酸菜主要材料为大白菜，将大白菜放入大缸之中，加盐腌制，铺一层白菜，撒上一层盐，最后用大石头压紧。酸菜是满

满族特色菜

酸菜猪肉粉丝血肠

族素食的代表，满语称为"布缩结"。冬天取出腌制好的酸菜切成丝与猪肉、粉条同炖，成为满族著名佳肴——酸菜猪肉炖粉条。寒冷的半年时间需要食用储存的酸菜，或炖或炒、或凉拌、或煮汤，炖猪肉酸菜粉条、酸菜血肠、酸菜馅饺子等菜肴既是满族人的家常菜也是久负盛名的满族特色美味。

满族人有养猪习俗，过节时家家户户杀年猪，将一部分猪肉腌制在陶罐坛子中，全年皆可食用。杀年猪时要把白肉、加工好的血肠、酸菜、粉条等炖成一锅，招待亲朋好友聚餐。平常猪肉的做法以炖、煮为常见，将猪肉切成大片或块状烹制，方子肉、氽白肉都是满族的风味肉类佳肴。

过去满族没有炒菜的习惯，因此火锅也是满族的传

火锅

满族特色火锅

满族的火锅历史

满族火锅在满族先民中已有上千年的历史。满族火锅与其生活习惯和生活环境有直接的关系，女真人在狩猎时，常用篝火烧陶壶来煮食物吃，关外天寒，往往边烧边吃，这是火锅的雏形。后来随着金属器皿的广泛使用，火锅正式诞生。随着时代的进步，这种吃法进一步发展，内容也大大丰富起来。在满族历史上出现过雀火锅、天上锅（飞禽锅）、地上锅（走兽锅）、水中锅（鲜鱼锅）、渍菜白肉火锅等。火锅在全国流行以后，各地居民把本地佳肴食俗融进了火锅，出现了许多新品种，风味各异，使火锅食品呈现出百花纷呈的局面。

统饮食。火锅通常以羊肉为原料，先将酸菜、蘑菇、粉丝、虾仁等放入锅内，再将切成薄片的羊肉放入，煮开配以佐料即可食用。同时，满族在烧烤上也颇富特色，狩猎归来，将猎获的野猪、狍子、獐子、鹿等剥皮，割成块状或片状，在篝火上烤熟，蘸盐、酱或辣椒食用。现代生活中，烧烤也是重要的烹饪方法之一，只不过品种增加了，肉类、海鲜、蔬菜都成为满族烧烤的材料。

酒　作为历史上的渔猎民族，酒在满族人生活中必不可少。满族酿酒的种类繁多，主要有清酒、烧酒、黄酒、汤子酒和松苓酒等。松苓酒是其中最具特色的满族酿酒之

萨其马

一。将上好的白酒装入陶制的酒坛中，到山上寻找上百年的古松，从根部挖洞把酒坛埋入中间，数年后再取出，因其吸收松脂甘露，酒色如琥珀，清甜甘冽，谓之松苓酒。满族人很早就能采挖人参、撷取鹿茸，并发现其药用价值，因此民间有泡制人参酒、参茸酒的传统。

特色美食　"萨其马"和"驴打滚"是满族的著名糕点。"萨其马"是将粗的短面条过油烹炸，待其酥软后用乳酪和蜂蜜黏合切成方块食用，现在流传全国，成为大众化的美食。"驴打滚"用黄米磨成粉蒸熟后制成，在簸箕中撒入豆面，将黄米团子在簸箕中滚过，就成了香甜爽口的"驴打滚"。

大酱是满族家常风味。《北盟会编》记载：金时女真人"以豆为酱"。至今，农村中满族家庭仍习惯于用黄豆制酱。每年腊月，将黄豆上锅烀得熟烂，再放入缸中趁热捣碎，取出打成大小适中的豆坯，豆坯晾置一段时间，接受菌种发酵。豆坯搁置到来年四月，将其洗刷干净打

碎，放入缸中，加盐、添入清水，待再发酵后食用，可调味、腌渍咸菜，
几乎是一日三餐必备的食品。

● 节 日 庆 典 放 异 彩 ●

　　满族的传统节日基本上与汉族相一致，"奉省岁事，满汉旧俗不同，
久经同化，多已相类"（《奉天通志》卷98）。主要有春节、元宵节、
二月二、端午节和中秋节等。但因"满汉旧俗相异"，满族也有诸如
添仓节、开山节、颁金节等本民族独有的节庆。即使很多民族都过的
春节，满族也有其独特的风俗，如过去满族人民分属八旗，因此在过
年时，都要在门口挂上本旗的旗帜，称为"挂旗过年"。

节日异彩

颁金节　满族最重要、统一的节日是颁金节。颁金节是全体满族"族庆"的节日，天聪九年（1635 年）农历十月十三日，皇太极发布谕旨，正式改族名"女真"为"满洲"，这标志着一个新的民族共同体的形成。为纪念满族的诞生，各地满族同胞在农历 10 月 13 日满族命名日自发地举行纪念活动。过去节庆名称不尽相同，或称"命名日"，或称"诞生日"，或称"纪念日"等。1989 年 10 月，在丹东"首届满族文化学术研讨会"上，正式把每年的 12 月 3 日定为"颁金节"。贵州满族同胞目前也过此节，附源村每年的颁金节热闹异常，家家户户张灯结彩，穿上节日盛装载歌载舞，四村八寨的群众和游客在村子里共同庆祝。

节日祭祀

颁金节

这一天，全国各地的满族人欢聚在一起，穿起旗袍等民族服装，唱起满族歌谣，跳起民间传统舞蹈萨满舞，表演各种精湛的骑射等技艺。节日中还要准备萨其马、打糕、金丝糕等满族特有的民族食品招待客人。各种体育、娱乐活动形式多样、精彩纷呈。

春节　农历正月初一，为一年之首，满族群众张灯结彩合家同庆，祭祀神佛、祖先。家家门上贴对联，按旗属分别挂红、黄、蓝、白不同颜色的彩笺，全家吃水饺。孩子们穿新衣戴新帽放鞭炮，大人们相互拜年祝福。

上元节　即正月十五日，俗称"元宵节"。同汉族一样，

张灯

节日食品

满族也有元宵挂彩灯和吃元宵的习俗。

走百病　满族妇女的节日。一般在正月二十日。当晚，妇女们三五成群，结伴而行，或走沙滚冰，或嬉戏欢闹，叫做"走百病"。

添仓节　农历正月二十五，满族农村家家讲究煮黏高粱米饭，放在仓库，用秸秆编织一只小马插在饭盆上，寓意马往家驮粮食，全年丰衣足食。第二天，再添新饭，连着添三回。也有的人家用高粱秸做两把锄头插在饭上。

二月二　俗称"龙抬头"。当日清晨，满族人家把灶灰撒在院中，灰道弯曲如龙，故称"引龙"。然后在院中举行仪式，祈求风调雨顺。全家人还要吃"龙须面"和"龙鳞饼"。妇女们这天不能做针线活。

清明节　清明节与汉族日子相同，但要在坟上插"佛朵"（也称"佛头杆子）。"佛朵"是满语，译为汉语为"柳"或"柳枝"。根据满族所信仰的萨满教的传说，柳是人类的始祖，人类则是柳的子孙。

端午节　每年农历五月初五端午节。家家采艾蒿、折柳枝插在门上，还要到郊外踏露水，据说用这天的露水洗脸、头和眼睛，可以避免生疮疖、闹眼病。节日中食糯米糕，戴香袋、荷包。孩子颈腕拴五色丝绳，穿绣五毒的鞋子。在满族聚集的村落中，端午节普遍把桃枝插在大门上，或用桃核雕刻成小花筐挂在房门上或挂在孩子手腕上、脖子上，用以辟邪。

虫王节　六月天，易闹虫灾。六月初六人们自发地组织在一起，一户出一人到来到村头的虫王庙前朝拜，并杀猪祭祀，祈求虫王爷免灾，保佑地里的庄稼获得好收成。男人们到地里治虫灾，与此同时，女人们在家里要把箱、柜里的衣物、被褥拿出来晾晒，以防虫蛀，因此民间诞生了"虫王节"。现在"六月六，驱虫兽"的场景现在已不多见，但每逢这一天，农家妇女晾晒衣物的习俗仍在各地乡村流传下来，沿袭至今。

中秋节　农历八月十五，是一年中月亮最圆的一天，又叫团圆节。入夜后，家家户户在庭院中设供桌，供瓜果、月饼，至月到中天，家人团坐赏月。满族人中秋节以月饼送礼，此令叫"节敬"，据说后为汉人所承袭，每到中秋节，晚辈都要给长辈送月饼及各种圆形水果，如葡萄、西瓜、苹果等，以表敬意。传统满族人家一般都会"供月"，即在院内西侧向东摆一架木屏风，屏风上挂有鸡冠花、毛豆枝、鲜藕等，为供月兔之用。屏风前摆一张八仙桌，桌上供上各式月饼。祭时，焚香磕头，妇女先拜，男人后拜。而汉族人却讲究"女不祭灶，男不拜月"。

腊八粥料

腊八粥

腊八节　满族农历腊月初八要熬煮腊八粥，主要以黄米、江米（即糯米）、绿豆、红枣等八种粮食、干果熬煮而成，也有以黏米饭代替腊八粥。满族人喜欢在黏米饭里拌上白糖和猪油，黏米饭耐饥、扛饿，因黏性大，过量食用不利于消化，因此拌上白糖和荤油，既增强了口感，还有助于胃肠蠕动和消化。满族人入关后，腊八吃黏米饭成为民族风俗。腊八节还要泡"腊八醋"和煮"腊八肉"，除全家人吃外还要分送亲友。

小年　满族过小年的习俗与汉族相同。腊月二十三日为"小年"。届时家家户户要祭祀灶神，俗称"送灶王爷"。

● 剪纸绣花显绝技 ●

满族剪纸　明代满族剪纸就已经在民间流行开，据说家家户户都有剪纸好手，如果妇女剪纸技艺不精，就难以融合到伙伴中。看来，剪纸也是满族女孩们增加友谊的桥梁。现在我们依旧能够看到逢年过节不少农家在门槛和窗户上贴剪纸以求平安祥和。由普及而精进，剪纸逐渐成为满族传统优秀民间工艺之一。

正宗的说法是，满族剪纸起源于满族的原始宗教——萨满教的影响，迄今已有300多年的历史。满族人民在他们的剪纸作品中表达了他们对自然神灵的敬畏、对始祖神的感恩以及对人丁兴旺和美好生活的憧憬。

满族同胞喜用彩纸剪成人物、动物或者神话故事、传说等各式各样或简单或复杂的图案，贴在门窗、墙壁、房梁等处，增加节日的喜庆气氛，整个满族村庄都变成剪纸的彩色海洋，浓

满族剪纸

浓的喜庆气氛呼之欲出。满族妇女剪纸从剪"妈妈人儿"练起。基本样式为满族女性：梳"大拉翅"旗头，穿旗袍、着花盆底鞋，或单人，或折叠剪好后拉开为多人图样。也有着长袍马褂的满族男性装束，分前后两片可以站立，头部单剪插于身体上，头上的长辫子也可以折到身后。图案多以直线为主、曲线为辅，简洁，不拘于形似，运用大胆夸张的手法形成独特的地域、民族特色，人物形象生动饱满、活泼俏皮，有较强的立体感。

剪纸

满族剪纸中的"挂旗"和"佛头纸"是一种地道的满族特色的剪纸。"挂旗"是多彩的，刻有满文或汉文，多表现吉祥、祈福之意，是给活人用的，"挂旗"剪技粗犷，具有鲜明的民族审美意识。"佛头纸"是用白纸或黄纸剪成外圆内方的钱串子，扎到杆上，插在坟头，意为摇钱树，是为死人用的。佛头剪纸五颜六色的，多为几层五彩纸剪成二方连续的钱串子，插在一根长约三尺的木棍上。

由于对动物神灵的崇拜，满族剪纸窗花中乌龟是吉祥之物，还有蛙、蛇等图案都带有早期氏族社会的痕迹，把乌鸦、喜鹊、狗等禽兽当作神来崇拜，同满族的祖先以狩猎为生的传统观念相符。局部的处理方式为就地取材，动物的眼睛和身上的毛皮用香火烧出，对动物毛发的处理采取外轮廓"不打毛"。保存与流传的方式是通过烟熏的方法，把剪纸贴在白纸上，用红松明子烟熏。明剪、暗剪、折剪、叠剪、翻剪、熏影、手撕、拼张等艺术手法早已在满族剪纸中普遍使用。材料使用上更是极其广泛。从前没有纸时，满族人便用兽皮、树叶、树皮、丝绸、布片等来贴剪。

满族剪纸内容多表现自然风貌、生产习俗、节令习俗、婚丧习俗

及民间传说等，体现了满族山民对惩恶扬善的美好希冀。满族剪纸在优美的外在表现外，寓意了对美好人性的颂歌，对自然景物的敬仰，对祖先创业的缅怀，是满族人朴素善良、耿直纯朴的道德风貌体现，也是对本民族人民进行道德教育的典范。

2008年，满族剪纸被列为国家非物质文化遗产名录，2009年被联合国教科文组织列为世界非物质文化遗产名录。

满族绣花　"三月里来柳枝长，大姑娘窗前绣鸳鸯"。满族民间刺绣，俗称针绣、扎花、绣花等，是满族妇女从小就要学习熟谙的技艺。满族少女们不论家境贫富，从十三四岁起就描花样，绣枕头顶、袖头、鞋帮等出嫁用品，谁家姑娘绣品越多越好看就说明姑娘手巧，活计好。

满族刺绣通常以家织布为底衬，用红、黄、蓝、白等彩色丝线，

满族剪纸

按照构图在衬底上织绣出各种美丽图案。图案多为飞禽走兽、花草鱼虫、人物故事等，蕴含吉祥喜庆。例如象征长寿的仙桃，表示纯洁的荷花，期盼富贵的牡丹等。满族绣品题材广泛，风格多样，情趣盎然，寓意深刻，充分表达了满族人民对美好生活的憧憬，体现了浓厚的民族文化内涵，成为满族最具特色的民间艺术而经久不衰。

龙绣品

满族刺绣技艺也表现在清代各级官员的官服上。所有官服袍下要绣立水图案，而补子是按文官、武官的品级大小绣制在官服上的图案，文官为禽、武官为兽。文武官员着装上的补子，是满族早期的刺绣作品。不同官阶补子上绣不同图案，例如文官一品官服绣仙鹤，二品绣锦鸡，三品绣孔雀，四品绣云雁，五品绣白鹇，六品绣鹭鸶，七品绣溪鸠，八品绣鹌鹑，九品绣练雀。武官一品官服绣麒麟，二品绣狮子，三品绣豹子，四品绣老虎，五品绣熊，六品绣彪，七品八品绣犀牛，九品绣海马。

凤绣品

在民间，满族绣品广泛应用在衣服、鞋帽、荷包、门帘、窗帘上。满族女孩亲自绣嫁妆，包括绣花鞋、花衣、幔轴穗、被格搭，而以绣枕头顶最重要。至结婚前，姑娘要绣十几对、几十对甚至上

绣花

清代皇帝的龙袍

　　清代皇帝龙袍属于吉服范畴，比朝服、衮服等礼服略次一等，平时多穿着。穿龙袍时，必须戴吉服冠，束吉服带及挂朝珠。龙袍以明黄色为主，也可用金黄、杏黄等色。清朝皇帝的龙袍，据文献记载，也绣有九条龙。从实物来看，前后只有八条龙，与文字记载不符，缺一条龙。有人认为还有一条龙是皇帝本身。其实这条龙被绣在衣襟里面，一般不易看到。这样一来，每件龙袍实际即为九龙，而从正面或背面单独看时，所看见的都是五龙，与九五之数正好相吻合。另外，龙袍的下摆，斜向排列着许多弯曲的线条，名谓水脚。水脚之上，还有许多波浪翻滚的水浪，水浪之上，又立有山石宝物，俗称"海水江涯"，它除了表示绵延不断的吉祥含义之外，还有"一统山河"和"万世升平"的寓意。

　　百对枕头顶，要放到大苫布上，称之为"枕头帘子"。由两个人抬着，连同其他嫁妆，从娘家抬到婆家，叫作"晾嫁妆"，鲜艳的绣品招来人们沿街观赏，五光十色的枕头顶刺绣是最吸引人的了。姑娘的绣花技艺最为男方看重，技艺精湛的女性会在婆家树立巧妇的良好形象而受到大家尊重。

　　满族刺绣吸收了中原、江南名绣之长，题材花样繁多，造型、构图非常讲究，具有较高的艺术水准，展现了满族先民古朴的民风习俗和妇女们的智慧，为世人留下了艺术瑰宝。

立水纹绣品

● 祭祀筵宴舞翩跹 ●

　　满族是一个能歌善舞的民族，早在隋、唐、辽、金时期，就有很多关于女真歌舞的记载。渔猎为生的满族在严酷的生产生活环境下，培养了勤劳、勇敢、豁达、朴实的性格，其歌舞富有鲜明的民族特色，同时在与汉族、蒙古族、朝鲜族不断交往中，吸收了各民族的歌舞特点，因而满族歌舞既充满本民族特点也与蒙古族等其他民族有一定相似之处。

　　艰苦的生活环境往往会形成乐观豁达的性格，而歌舞是这种性格的表达方式之一。满族同胞喜好歌舞，自女真就成风气。努尔哈赤在统一女真各部落时曾"自弹琵琶，耸动其身，舞罢，优人八名各显其才""厅外吹打，厅内弹琵琶、吹洞箫、爬柳，其余都围绕站立，拍手唱曲，以助酒兴"，表现当时女真人载歌载舞的场景。

　　历代相传，歌舞成为满族民间群众喜爱的重要娱乐和仪式表演。在满族居住的农村筵宴上载歌载舞必不可少。而在祭祀、婚丧嫁娶和节庆上，满族都有喜歌、丧歌等民间音乐相伴，有反映满族先民渔猎、

载歌载舞
......................●

舞翩跹

欢乐景象

●
满族舞蹈

游牧等劳动生活，有反映八旗兵丁出征和思念亲人等内容的歌曲。流甚传广，通俗易懂，朗朗上口，曲调优美的儿歌、劳动歌曲、仪式歌曲形式多样，深受满族同胞的喜爱。而一些歌曲还保留着满语词汇，成为研究满族语言的重要领域。

作为"引弓之民"的满族，舞蹈中保留了许多骑马狩猎的内容，较为典型的是民间称为"打麻虎子"或"打马猴子"的游戏演变而来的舞蹈，表演时一部分人戴上"鬼脸"面具装扮妖魔鬼怪，虎豹狼虫，另一部分人作为猎手与其搏斗厮杀，最后以打败妖魔鬼怪结束。

单鼓腰铃是一种伴有乐器演奏的舞蹈，亦称"打单鼓子"或"耍腰铃"，是一种腰缠许多小铃，手持"单鼓"（或"抓鼓"）而舞的祭祀舞蹈。逢年过节，祭祖之日舞者头戴帽，身扎腰铃，手持抓鼓边跳神舞边唱神歌。鼓声铃声交织成一种绝妙的音响，充分表达了骑射民族粗犷豪放的性格。

"蟒式舞"又称"马克式舞"，是满族传统筵宴舞，当满族人有盛大的宴会时，男女主人要依次起身表演舞蹈，其表演形式是，"先举一袖在额前，然后反一袖在背后，盘旋作势"，称为"蟒式舞"。其间还有一个人高声歌唱，其余人等唱"空齐"相和。场面热闹，舞蹈内容丰富。

扭秧歌是满族民间传统群众性歌舞，逢年过节尤其是正月十五元宵节最为热闹，各村各屯都组织秧歌队到各地表演，有说有唱，也称之为"鞑子秧歌"。舞者脚下绑三四尺高木棍，即高跷，源于满族早期的拓荒、狩猎生活，粗犷、热情、火辣极富节日的喜庆特色。

太平鼓多用于舞蹈伴奏，配合舞蹈动作敲击，边敲边舞。舞蹈动作名称有"拜鼓""跑走马""拉大锯""扑蝶""弹棉花""滚元宵""赶鸟""串门""滚绣球等"。常在农历正月新春或元宵佳节的喜庆活动中表演，是群众性的文娱活动。舞蹈中小伙子跳起来舒展挺拔，极显阳刚之气；姑娘家舞姿柔软轻盈，尽呈阴柔之美。

欢乐舞者

● 满族歌谣飘高原 ●

满族少女

贵州毕节地区的满族入黔之初说满语，以后逐渐改说汉语。在金沙县安洛苗族彝族满族乡高氏墓碑上发现一种文字，被鉴定为满文。在60年代尚有少数满族的老人，能用满语说些简单的日常用语或在"叫魂"时用满语念部分"嘎经"。如黔西县桃园乡的满族老人赵明芬和赵明久还能用满族语言"叫魂"。现在发现的家谱、碑记、碑文和经书等基本是用汉字书写记录的。

贵州满族因为受到周边民族的影响，也爱唱山歌，大多数是在劳动时吟唱。贵州满族的山歌分为酒歌、情歌、生活歌。其中在结婚时唱的酒歌又称送亲歌，均用汉语唱，仅个别的词汇用满语唱，但满族的山歌音调上与周围其他民族不同。满族民歌内容丰富，较之汉族民歌，多了一些渔、猎、牧劳动和八旗兵出征及思念亲人内容的歌曲。歌词语言通俗、活泼，旋律质朴、简明。传唱于农村的民歌满族特征更为明显。金沙县安洛苗族彝族满族乡大贤村满族歌师倪方伯长期生活在农村，受到浓郁的贵州风土人情的熏陶，又继承了本民族的风俗礼仪，创作了大量本民族的民歌，过去多次到黔西的重新、金坡以及大方县黄泥、嘎木、沙厂等满族村寨演唱，在当地满族同胞中享有较高的声誉，人称"歌仙"。

踩高跷

● "亮轿" "座帐" 把亲认 ●

　　满族的群居社会组织和长期的风俗习惯形成内部通婚的惯例。男婚女嫁是人生大事，门当户对的传统在满族社会依然流行。议婚的男女双方家长对另一方的年龄、人品、家庭条件认同后，男方派女眷到女方家相看，对女方才貌等条件中意后，赠送金银首饰作为定礼。之后男方父辈会将制备嫁妆所需的钱和布匹送到女方家，女方父辈设宴款待，双方商量婚事的具体细节。娶亲之前男方还要派人给女方家送一头猪，女方杀猪设宴遍邀族中亲友，通报姑娘婚嫁之喜，同时祭告祖先。

满族婚礼

　　婚礼一般举行三天。

　　第一天女方送嫁妆到男方家新房，同去的女眷将床褥帘幔整理好后返回，称为"送行礼"。男方把娶亲的喜轿摆放院内，请来鼓乐班子吹打弹奏，俗称"亮轿"。新娘和送亲队伍也在此日出发，至距离男方家较近的途中亲友家暂住，称作"打下处"。第二天清晨，由新郎率领的迎亲队伍和送亲队伍同时按约定时间出发，中途相遇时，新娘由兄长从送亲车轿中抱到迎亲车轿中。队伍行至男方院门时，男方故意将门关上，不让车轿入内，鼓乐手在轿前吹奏，意为去掉新娘任性的脾气。门开后，新郎象征性地向喜轿射三箭（无箭头），意为去掉邪祟，然后女眷搀扶新娘下轿，跨过安放在门口的马鞍或火盆入内（取平安和红火之意）。新娘和新郎要在供桌前一起跪拜，俗称"拜北斗"。随后新娘怀抱装有五谷、金银（钱币）的"宝瓶"到洞房门口，新郎用秤杆挑下新娘的红盖头扔到屋顶，意为"称心如意，步步登高"。

上轿

新娘至洞房喜帐内端坐，俗称"坐帐"或"坐福"，以时间长为吉利。

拜北斗

按照传统说法，早年满族男子随八旗军征战南北，举行婚礼时，把新娘送到军营中成亲，因婚礼在帐篷中举行，故称为"坐帐"。后来满族结婚，也多在正屋窗前临时搭设婚帐，富裕家庭用毡布，一般家庭用席子，帐内铺设被褥。现在很多家庭改在新房南炕的幔帐内坐帐。

…………●
入轿

坐帐结束后新郎与新娘要喝"交杯酒"，同吃"子孙饽饽"，晚上新人与男方全家同吃"团圆饭"。

第三天晨起，新娘在婆家人带领下到厨房向灶王爷神位行礼，再向正屋内西墙所供奉祖先神位行礼。随后向长辈和平辈年长者行礼。平辈年幼者和晚辈则向新娘行礼，这种仪式称为"认亲"。新娘则把随嫁妆带来的绣花荷包、鞋袜分赠给婆家人和亲友，展示自己的女红技艺。

满族婚俗中也有和汉族类似的"回门"等仪式。"回门"要求日出出发，日落归家，不能起早贪黑。新郎要带上四盒礼品，表示对岳父岳母的尊重。过去还有"住对月"的习俗，即结婚一个月后，新娘要回娘家住一个月，从娘家回来后，要给婆家每人带一双新布鞋。

定居贵州的满族均实行一夫一妻制度，在新中国成立前严格执行族内婚姻，禁止与其他民族通婚，基本以父母包办婚姻为主。婚姻仪式按照满族习俗分为订婚和结婚两个阶段。订婚时，男方请媒人到女方家说亲，需带上酒、肉等礼物，女方家同意后，男方家要送彩礼过去，定下婚期。订婚后，男方家还要再到女方家认亲。按照双方选好的日子进行婚礼，女子出嫁亲朋好友唱"送亲歌"表示不舍之情，此歌有固定腔调，内容多为教

…………●
射喜轿

跨火盆

海新娘到公婆家后孝敬公婆、勤俭持家、礼仪待客等内容。如有一首是"韭菜开花绿茵茵，服侍公婆要小心，有事无事早早起，不比当初在娘身"。在迎亲前，男方除送鞭炮、衣物和首饰等礼品外，若女方双亲已故者，男方还要送去一对碗、一对鸡、两壶酒和两包纸钱，如双亲健在，则只送一对碗和两壶酒。

贵州满族女子出嫁一般穿红衣、骑马到男方家，这与北方满族乘轿规矩有别。到了男方家，新娘娘家人为贵宾要在酒宴上坐上席。次日则在姑嫂陪同下到寨中串亲访友，谓之"认亲"。第三天，夫妻一齐回娘家，称为"回门"，新郎同样有"认亲"仪式，逐一拜访寨邻和亲友，但与北方满族不同，回门不要求一天往返，可短住一段时间。

清朝自康熙之后就已默许旗人娶民人之女为妻，但还是禁止旗女与民人男子通婚。不同地区的满族婚俗略微相异。从东北满族婚嫁仪式到京城旗人婚嫁，逐步融合了汉族的一些仪式，婚嫁步骤通常分为议婚、相看、庚帖、放定、嫁妆、迎娶、入门、拜堂、分大小、入洞房、吃酒、回门、对住月等。贵州满族在入黔之初以族内婚为主，但因人口有限，特别是因婚姻纽带的联系，呈现由邻里关系、老乡关系到亲戚关系的普遍化，能够实行族内婚的范围缩小。这也使得近亲结婚很普遍，姑表婚和姨表婚尤其盛行。在附源、槽门、大贤等满族村现在多是由几个大的家族集中居住。但民国后满族独尊的地位不复存在，不准与异族通婚的惯例被打破，只要男女双方自愿，宗族、家庭基本不进行干涉，满族与其他民族的通婚不鲜见。

万物有灵

崇萨满

CHONGSAMAN

● 来往在人神之间的智者 ●

满族信仰萨满教。

满族萨满教是东北亚萨满教的一个分支，是满族文化的重要组成部分。满族在漫长的历史时期内信仰继承着与通古斯人的古老多神信仰一致的萨满教。萨满一词最早出现在南宋历史文献《三朝北盟会编》中，它是女真语，意指巫师一类的人。

萨满教是我国古代北方民族普遍信仰的一种原始宗教，产生于原始母系氏族社会的繁荣时期。古代北方民族或部落，如肃慎、勿吉、靺鞨、女真、匈奴、契丹等；近代北方民族，如满族、蒙古、赫哲、鄂温克、哈萨克等也都信奉萨满教或保留一些萨满教的遗俗。萨满教原始信仰行为流传区域相当广阔，在世界范围内也十分广泛，囊括了北亚、中北欧及北美的广袤地区。

　　萨满一词有多种解释，一说是起源于东西伯利亚的通古斯语，意思是能够进入神灵境界并与神灵沟通、交流的宗教人士；一说来源于梵语，指激动和疯狂的人；另一说来源于女真语，指"智者"。萨满曾在《大清会典事例》中记载过；乾隆十二年（1747年）的《钦定满洲祭神祭天典礼》，记录了大量萨满神歌、仪式、使用的祭器等。

　　萨满即跳神作法的巫师，是萨满教中的重要组成，能够为人们治疗疾病、保佑庄稼丰收和家族安全，同时承担解决家族纠纷，甚至充任死者灵魂的向导。萨满一般只为某个族姓而不是为多个族姓或整个民族服务。

　　萨满的传承不是世袭而是通过"神择"和"人择"两种方式选取。一些被大众或萨满认为神灵附体的人会被指认为新"萨满"，通过此种方式选择的萨满称为"神择"。本族族长、萨满在品德端正、聪明伶俐、身体健康的本族青年人中进行挑选，选中之人要经过称为"学

祭礼

祭祀

乌云"的严格培训，合格者成为新萨满，这种方式称为"人择"。萨满需要不断学习，并在处理本族姓事务中成长，因此很多萨满实际上是本氏族历史文化和一些特殊技艺的传承者，也是通晓本族历史文化的"智者"，在民间享有很高的声誉。

萨满作为神与人之间的联系者，他可以将人的祈求、愿望转达给神，也可以将神的意志传达给人。在长期的训练后，他们有跑火池和上刀梯等特殊本领，因而人们相信他们具有神灵附体的能力，也就能够医治百病、驱邪祈福和预测占卜，所以在社会受到尊敬就不足为怪了。

从萨满教的发展历史看，萨满教在肃慎中就已存在。当时的人们把自然界的动物、山水以及雷电、火等自然现象与人类生活本身联系起来，赋予它们以主观的意识，作为崇拜对象进行祭拜，形成最初的宗教观念，即万物有灵。进入农业时代后，满族先民逐步形成社会分化，萨满教由于对战争、政治起到一定服务作用，社会地位有所加强。到女真人时期，萨满教成为社会信仰的主流，既保持了先前的自然神灵崇拜，也包含了灵魂信仰，对统治阶层的服务性更强，祭礼和祭祀场所更为正规。

祭舞

萨满

与汉族接触中，特别是大金国的建立，使佛教一度影响到女真人的宗教信仰，但萨满教在女真人中的主流地位长期无法撼动。努尔哈赤为了统一的政治需要，不断打击其他氏族的萨满和神祇，原来遍布民间的萨满教被统一到普遍信仰爱新觉罗氏的萨满，满族新的、统一的祭祀神灵被强制推广。如此看来，原来神也是有阶级区别的。乾隆年间制定了《钦定满洲祭神祭天典礼》，主要有堂子祭和坤宁宫祭，不过祭祀的程序内容已不同于民间萨满祭祀。与此同时，由于佛教在中国大行其道，清朝历代皇帝也信奉佛教，清中后期萨满教在满族上流社会中的地位逐步减弱，即便如此，紫禁城内依然有萨满教的祭祀场所和仪式规定，宫廷祭祀仪式也延续至清末。

由于萨满教没有专门的宗教建筑，其祭祀与生活环境息息相关，满族家庭中供奉祖宗板、祖宗架、木条等，院里正对大门树立一根六尺高神杆，杆顶为铜质碗形，包一块红布，杆的根部放有三块石头，俗称"神石"。满族人以鸦、鹊为神，把它奉为"神鸟"，祭祀时要把杀下的猪锁骨挂在神杆上让鸦、鹊吃，表示对鸦鹊的尊重和崇拜。这些民间活动其实都与原始的萨满祭祀相关。

萨满是萨满教的主要承载者，但萨满的平常生活与族内普通人一样，没有特殊的权力，为族人所做的一切皆是义务，不会索取报酬。他们结婚生子、正常生产劳动。萨满的神圣和庄严体现在各种仪式上，在重大仪式上萨满会穿戴神衣神帽，每个族姓的萨满服装大致相同，小有差别。萨满神帽上的装饰有鸟类、兽类、鱼类等，穿彩色神衣，用神鼓、腰铃、神刀，以及其他法器。清军入关定都北京后，萨满教也随着远征和戍守边关的八旗士兵而扩散到全国各地的满族居住地。

萨满法器上都刻绘有各种神的图案，一般在神鼓和抓鼓上都刻绘

祭仪上的祭师

　　有色彩丰富的图案，而萨满的神灵面具，无论是艺术价值、学术价值，还是民俗价值、文化价值都是弥足珍贵的。满族萨满面具是宗教用品，一般由萨满传世珍藏，外人很难见到。

　　萨满教的各种活动是由萨满来主持的。萨满分为家萨满和野萨满。家萨满作为侍神者，主要负责族中的祭祀活动。野萨满（又称大神）是神抓萨满，即神灵附体的萨满。神抓萨满的活动包括医病、驱灾、祈福、占卜、预测等人们需要解决的问题。各姓萨满祭祀的程序和内容并不完全相同，各有自己的特点。

　　萨满教是满族长期以来形成的宗教文化现象，在其中保留了许多满族特有的民族文化。到民国期间萨满教还很流行，新中国成立以后萨满教逐步衰退，目前仅在东北满族较多居住的农村还信奉萨满教及保留有萨满教活动。

　　在贵州，上世纪初很多满族村寨或家族还举行祭祀活动，特别是在大祭之时，要各家各户或大户人家捐资用金或铜铸一只红鸟，做成铜雀顶，红鸟在顶上。祭祀时鞭炮齐鸣，小鬼师、二鬼吹蟒筒，大鬼师穿蟒袍，选取村寨最好的马匹，骑马绕寨三圈。8个满族姑娘穿绸披

面具

神柱

祭师们

缎，翩翩起舞，以表示欢迎爱新觉罗氏和佛库伦。这样的祭祀活动，在上世纪30年代黄泥乡槽门村姜廷杰家做过最后一次。满族的祭祀活动，过去跳神祭祀的"师人"每村寨都有一个，兼为病人祛病禳灾，而最后一位名叫刘元泽的职业"师人"已去世90多年。

上世纪中叶，大方、金沙、黔西一带农村，还有萨满为满族群众举行叫魂等仪式，口中轻念满语驱魔祈福，后来在"破四旧"中销声匿迹，法器偷偷扔掉或上缴了。

萨满的一些特点也表现在丧葬习俗上。定居贵州的满族都是棺殓土葬，凡族内有丧，全族举哀。除一部分采取周边民族的丧事仪式做道场外。大多数满族居民还是请本族的"鬼师"做"戛"，做"戛"时，鬼师头戴朱雀顶，身穿蟒袍，同时还要请人吹蟒筒。这种仪式的程序是，先将死者装入棺木，停放于中堂，在灵堂中还要放一截泡木丫杈。然后，由鬼师念诵经书。结束后，由死者的大儿媳身披毡子骑马引路，三个鬼师各骑一匹马在后，绕房转三圈，与此同时，要燃放鞭炮、铁炮。骑马绕房子的天数，依做"戛"时间的长短而定，如做三天"戛"，则绕三天房。绕房结束后，才将祭"戛"的牛打死，用牛肉办酒席，招待前来参加葬礼的亲友和族人。在择定的吉日和时辰，将棺木抬到预先测定的地方安葬。

● 满人规矩大，旗人礼法多 ●

　　"满人规矩大，旗人礼法多"。"旗人家庭之礼最严，老幼皆无敢少失，其周旋应对，莫不从容中节，盖自幼习之"（魏元旷《焦庵随笔》），满族重视礼仪可见一斑。我们从影视剧中看到清朝宫廷之中，臣子见面、君臣见面无论肢体礼仪还是打招呼说话，规矩森然，虽然更多体现的是紫禁城内的礼仪，但这些礼仪大多来源于满族社会，从中依然可以看出满族民间礼仪的繁杂。满族早期作为渔猎民族，在氏族社会时期就强调成员团结、协作精神，成员各有分工，男女老幼共享劳动成果。友爱互助，尊老爱幼，好客诚信是满族人共同践行的文明礼仪。

满族礼仪

　　满族家族有族长，称为"穆昆达"，由族中德高望重的年长者担任，其秉承祖先意志掌管家法，族中婚丧嫁娶、祭祀修谱等事关家族的大事皆由其主持公断。族长要身体力行为族人垂范，且断事公正，在满族人心目中享有崇高声誉。

　　满族有重小姑习俗。满族未结婚的姑娘地位很高，公婆上坐，小姑侧坐，媳妇则站立于旁谨慎侍候。《清稗类钞》中写道："旗俗，家庭之间，礼节最繁重，而未字之小姑，其尊亚于姑，宴居会食，翁姑上坐，小姑侧坐，媳妇则侍之于旁。"《红楼梦》中也有表现小姑入席而媳妇旁侍的场面。媳妇受到各种礼仪约束，但小姑却例外，礼遇远高于媳妇，旧时称为"姑奶奶"，今天满族社会依然有尊"姑娘"的风俗。

行礼图

妇女礼规"万福"

满族常见的礼节是请安和打千。小辈对长辈，三天一请安，五天要打千。请安时鞠躬唱喏："请某某安。"请安有"定省"，即小辈对高龄长辈固定每天"请早安""请晚安"，又称"晨昏定省"。请安是小礼节，打千为大礼。男人打千要哈腰，右手向下伸，左手扶膝，右腿微弯；女人打千要双手扶膝下蹲。这些礼节，通过影视"教育"我们已是耳熟能详。

亲戚朋友见面一般握手致意，也有行抱腰见面礼，以示亲密。叩头除了宫廷之中、朝堂之上君臣见礼外，民间多是小辈对长辈行此礼，表示非常恭敬之意。春节拜年小辈对长辈均行叩头礼；亲朋好友相见行抱腰见面礼，以示同贺新春喜庆。抱腰礼时右手抱腰，左手抚背，交颈贴面。此俗自后金时就兴，"亲旧相见者，必抱腰接面，虽男妇间亦然"。

满族"俗尚齿，不序贵贱"，在路上遇见长辈，要侧身微躬，垂手致敬，等长辈走过再行；同辈人中年轻者也要对年长者行礼问候。小辈到长辈家，"虽宾必隅坐"。长者到小辈家，少者必打千请安。妇女见到长者进屋，则"跪膝而坐，以右手指加于眉端"，连续三下；如果是平辈则不跪，只抚眉端三下，表示敬意。

在满族家庭中，儿媳妇对公婆要毕恭毕敬，每日给公婆装烟三次，一日三餐要站着侍候，早晚还要送上洗脸水和洗脚水。新媳妇头一年不能上炕吃饭。儿媳妇外出，临走要给公婆装烟，说声"请阿玛、额娘看家。"来了客人，儿媳妇要扎上围裙听婆母在炕上吩咐，每喊一声媳妇要答应"嗻"，再去干活。即使媳妇年岁很大，在年岁小的长辈面前也要恭敬侍候。由此说来，"多年的媳妇熬成婆"可能是满汉妇女们一致的愿望！

贵州满族妇女在家庭和社会中都有较高地位，一是表现在财产继承上，女儿同样具有分配权，父母在女儿出嫁时就会将一部分田产作为陪嫁分配给女儿，一般来说可以一直拥有。二是妇女当家理财，主管家庭内部事务。三是寡妇允许再嫁。只要鳏夫、寡妇两厢情愿可以同居，入赘现象也很普遍。

满族称呼在人际交往中也有严格规定。晚辈见到长辈一律称呼"马法"，意为"老爷子"。我们现在普遍使用的第二人称尊称"您"就是满族对交谈中对方的称呼。满族对较为尊崇的人称为"某爷"，一般小官称"老爷"，知府、同知一级称"大老爷"，道台以上称"大人"，官至极品称"中堂"。而下官对上级则自称"卑职"。旗人无论官品多高，在皇帝面前都只能称"奴才"，而旗人之外的官员在皇帝面前皆称"臣"。

满族人大方好客、恪守信义。在满族聚居地方，有人路上拾到东西要想法找到失主，找不到要招领。有以"窃人之财为耻"的风习。"邻

叩首

茶候客人

红楼梦中表现满族"姑娘为大"的描写

李纨捧饭，熙凤安箸，王夫人进羹。贾母正面榻上独坐，两边四张空椅，熙凤忙拉了黛玉在左边第一张椅上坐了，黛玉十分推让。贾母笑道，"你舅母你嫂子们不在这里吃饭。你是客，原应如此坐的。"黛玉方告座。贾母命王夫人坐了。迎春姊妹三个告了座方上来。迎春便坐右手第一，探春左第二，惜春右第二。旁边丫鬟手执拂尘、漱盂、巾帕。李、凤二人立于案旁布让。

礼仪图

里相处，有难必帮"，"一家缺米大家凑，一人打柴大家烧"，这些俗语表现了乡间邻里互帮互助的友爱精神。邻里和朋友间互相借贷，不需立契，只凭口头相约，恪守信义。

满族的故地东北，过去地广人稀，行远路的人在路途中投宿，满族人都会热情接待，安排酒肉饭食、留宿。离开时也不需支付报酬，向男主人行"擦肩大礼"表示谢意。如投宿不遇主人，则动手自己做饭、休息，离开时收拾干净，将一束草放置门口，指示去向，主人见后就知道有客人曾来投宿。

满族待客豪爽热情，客至必倾其所有款待。长者至则由父兄陪客，其他人站立伺候；晚辈到长辈家中做客，必坐下首。让座之后，需请客人擦脸、漱口、装烟让茶。满族以双数为尊，宴席需成双碗碟，而送礼之数也以成双为礼。家中祭祀或喜庆庆典，要杀牲吃肉，请亲朋好友做客，客人到家要先向西墙的祖先神位叩头，然后入座。餐毕不能擦嘴致谢，满族以此为不尊。

● 尊重禁忌促和谐 ●

　　满族是一个群居民族，特别是满族入关建立大清前，基本是按家族为单位聚居在一定范围内，很少和其他民族交错居住。贵州满族也是如此，因此满族的生活习惯基本一致，各地对生产、生活中的禁忌也普遍遵守。随着时代的发展，早期的一些禁忌由于不适应社会的发展，已经逐渐消失。

居住禁忌　满族住宅以西为贵，西屋在高出西炕的墙壁上设置木架或木板，称为祖宗架或祖宗板，上供木盒，盛装家谱或神书、神偶、祭祀规定条文等。西面墙壁禁挂衣物、张贴图画，忌讳将供奉的祖宗板、木盒或香油碟随意移动，客人也不能偷看木盒内供奉的物品。

满族居室

　　西炕因其尊贵，也称之为"佛爷炕"。西炕主要用作接待贵客或重大节日、祭祀时摆放祭祀供品。为尊重祖宗，在西炕上不准放空盘和空簸箕，因为祭祀时要用盘装肉、簸箕装黄米面和炒黄豆面，空放是对神大不敬；西炕忌随意堆放杂物；忌穿孝服在西屋出入或客人在西炕随意坐卧。现在的东北农村，西屋也主要是家中老人坐卧，不安排年轻人或孩子在西屋起居。

满族民居

　　满族家庭庭院中正对大门口要树立祭祀神杆，即索罗杆。神杆材料是从山上最高处采伐的树木，每年一换。神杆神圣不可触摸，不允许拴牲口，甚至太阳照射投下的杆影也不能踩踏、跨越。

　　很多满族家庭中锅灶、火塘是祭祀萨满的重要地方，因此忌讳人从锅灶、火塘的三脚架上跨越，不能用脚蹬踏，不准在火塘上烤脚、鞋子、

狩猎

围场

袜子；禁止将吃剩的食物、骨头、鱼刺扔到锅灶或火塘中。

动物禁忌 狗是满族人生活中重要的图腾。满族人敬重狗与早期满族渔猎生活有关，早期打猎生活中，围捕猎物需要狗的参与和配合，因而狗是满族日常生活中重要的合作伙伴。满族传统生活中不吃狗肉、不戴狗皮帽子、不穿狗皮缝制的衣物，也忌讳外人戴狗皮帽子进家门。贵州铜仁居住的部分满族对此习俗尤为遵守，严禁客人戴狗皮帽子进家。

满族人也将乌鸦奉为神鸟，不伤害乌鸦、不吃其肉，在庭院中放置肉和粮食请乌鸦食用。奉乌鸦为神鸟与满族传说故事相关，传说有一次年轻的努尔哈赤被明军追杀，眼看无处可逃就要被抓住，一群乌鸦铺天盖地从天而降，将努尔哈赤扑倒在地并严严实实盖住身体，明朝官兵追上后，以为是乌鸦伏在尸体上吃腐尸，就继续往前追赶，凭借"天降神鸦"，努尔哈赤逃过一劫，因感恩于乌鸦，遂让族人奉乌鸦为神鸟，加以保护。

花坟镌刻
HUAFENJUANKE
DE 的
LIUTANGSUIYUE 流淌岁月

● 杜鹃花开的留恋 ●

在黔西北安洛河流域的山山水水之间，林木葱郁、杜鹃花灿烂。徜徉在林间小径，寻觅满族先祖的踪迹，最好的去处就是遍布在林间草蓬中那一座座久远的满族坟茔。

石头垒就，黄土封顶，岁月沧桑虽然已让很多石碑字迹斑驳、东倒西歪，但祭台上的香蜡残痕还是承载着后人悠悠哀思与缅怀。一两百年前当地大部分汉族和其他少数民族的坟墓已经荡然无存，但满族富裕经济条件下所营造的石头坟墓很多还在。特别是当时满族大姓墓葬群成为满族在贵州生活历史的印记。在历史的空间中，每一个生存痕迹是那么的渺小但又是那样的重要。祖先亲手垒出的坟墓，了然在 200 年后为后代印证了

满族的民族成分（在贵州满族民族成分的识别中，满族坟墓和其他民族墓葬的区别成为当时一个重要的证据）。

安洛河流域的大方县、黔西县、金沙县交界处是当时八旗在贵州征战的主战场和由滇返回中原的主要路线，这片土地坝子较为集中，土壤肥沃，气候适宜，为满族先祖定居此地创造了条件。从满族坟墓的分布看，贵州其他地方并无集中发现，因此贵州满族主要聚居区顺理成章即为此地。

满族花坟是一个美丽、神秘的符号，标记着满族在贵州迁徙定居的历史，百里杜鹃与满族花坟在黔西北的大地上相得益彰，大自然馈

高氏花坟

高氏花坟局部石雕

赠的生命之花与石头上镌刻的艺术之花似乎惺惺相惜、长久相伴。高原的风将红艳的花瓣吹落在旗装之上，当抬头望出去，一片一片姹紫嫣红的漫山杜鹃盛开。在大方县黄泥乡、金沙县安洛乡、新化乡、百里杜鹃金坡乡等土地上，我们一次次在青草灌木掩映的石冢间，在杜鹃花瓣飘落的季节，听满族老人给我们讲述过去的历史和传说，金戈铁马声犹在耳；那些倒拖着长矛、斜挎着腰刀、扶老携幼的满族汉子仿佛艰难地从我们身边走过，在历史长河里的那个春天，他们留了下来。

● 繁 华 过 后 的 群 像 ●

　　曾几何时，这里是满人的天堂，虽在异乡，胜似家乡。男耕女织、族人往来，远离战火的田园生活美好、和谐。他乡与故乡，肥沃的土壤一样生长绿油油的包谷，盈盈的水田照样收获金灿灿的稻谷；不同的海拔，一样的天空，一样亲切的满族话语飘荡在炊烟升起的晚空。

　　生活安详而富足。

　　第一代迁居贵州的满人渐渐老去，"哪里黄土不埋人"。故土与皇恩一样遥不可及，虽不生于此，就安息在此吧。日渐庞大的族群，日益兴旺的人丁，环村侧畔的山坡上，第一座坟茔竖立起来。佛头纸在青草中飘扬，神秘的萨满舞从故乡的平原跳到贵州的山地。

　　那些流落定居在贵州的满族先祖犹如一粒粒种子，最后形成一片片林木，枝繁叶茂。生居一处，死聚一块儿，墓葬群成为满族文化的一张名片。

贵州满族花坟

花坟石雕图案

在《大方县志》中有记载：在满族墓地上还有较出名的花坟，精雕细刻的图案栩栩如生。又载：满族墓葬群在城东70公里的黄泥彝族苗族满族乡。坟地分两处，共约200座，占地数十亩，系来自辽宁、吉林、黑龙江的满族黄、游、杨、赵、安、姜、傅、周、刘、熊、倪、高等10余姓同源同流人家的墓地，多属雍正至道光年间的墓葬。墓型多为围石封土，高1.6米左右，立有方碑、牌楼形碑等。围石刻有鸟兽虫鱼、人物花卉、战场图案的不同圆雕、透雕、高浮雕、半浮雕、平雕等，造型生动古朴，琢工细腻精湛。在男性墓碑上，普遍刻有"谥"字和"鸟衔珠孕"图纹。其中傅泽泰墓碑上刻有"旨"字。高黄氏、高良赞墓碑上刻有关防图记，故通称高黄氏墓为"皇坟"。黄凤灵之妻安氏，举百岁未旌，大定知府黄宅中题有"懿寿期颐"4字，名百岁坟。

大方县黄泥乡的满族，是清初随军入黔，落户于此。清廷给予"策马扬鞭、圈地占田"的特殊照顾，让他们在这里定居，休养生息。经济发展让定居此处的满族非常富裕，并按照满汉习俗营建了这片墓群。虽然清王朝覆灭后，慑于民族歧视，当地满族自隐其族，改称录人、"六人"等。但在墓葬上，他们一直保持着满族的风格，满族墓葬群，都是石雕建筑。墓碑上端刻有一"旨"字或"谥"字，也有"皇清待赠"或"皇清待诏"字样，以示满族之墓；而正碑当中，又多挖有花瓶形之空洞。这是其他民族墓碑上所没有的。

从大方县城驱车一个多小时到达黄泥乡政府，然后再行十分钟拐入山间小道，坐落于群山环抱的槽门村就在不经意间出现在眼帘。高低错落的房屋，间或在房前屋后会伸出一支百年老树的枝丫，古老的满族村寨悠悠然躺在历史的时光中。槽门村距离黄泥乡政府4千米，是黄泥乡满族集中居住的行政村，全村852户2943人，57%为满族，蒙古族20余户，满族人口中以游、周、傅、熊、刘为大姓。深居山凹之中的槽门村宁静祥和，各民族和睦相处，村旁屋侧多百年甚至千年古树，椿、杉树等不同时期栽种的树木枝繁叶茂。村民对古树的保护意识强烈，如今上百年的古树都挂牌管理。

槽门村周边的山坡上共聚集有周、刘、傅等四处满族集中墓葬群。周家墓葬群就在这片土地之上的山坡，坡脚树木、竹子间生。坡上则荒草、藤蔓植物丛生，几户人家散居在坡上坡下。沿耕地而上的缓坡处数十座古墓散落，墓皆条石垒砌而成，碑、柱、基座、围石、滴水檐都是石材精雕造型，沿坡地并排的五座古墓造型一致，较坡上墓地略微简陋，墓碑上字迹模糊不可辨识，推测应为定居之初满族先辈之墓。而坡上之墓造型灵巧精致，虽有破损，但做工精细。从时间上溯，越是久远的墓，构造越小，随着时间推移墓体和墓碑增大不少，且雕工更为精细、造型更为精美，显示出满族经济发展的轨迹。

山坡之上一座小墓颇为村民推介，墓不大，为条石垒砌，是文林郎周其昌之墓。石碑铭刻：仙逝业师文林郎周君讳其昌大人之墓。楷书字迹苍劲有力，落款为咸丰二年二月吉日。文林郎在清代为正七品文散官，其墓为学生所立，因而墓不大，但墓碑与墓柱楹联雕工上乘，颇有大家之风，墓柱刻有对联"昭雨春风最耐恩，泰山北斗尤垂象"。墓碑左右上角浮雕双鱼，与多座满族墓碑所刻双鱼造型相似。其墓碑檐遗失。

周家墓葬群中建于光绪三十二年的周文模墓尤为大气，该墓在墓群中修建年代相对较近，为上世纪初建造，气势雄伟，牌坊式墓碑高大雄浑。三碑四柱，主碑高约4米，山形碑帽下石匾镌刻"万古佳域"四字，下饰花草纹，石匾镌刻"克昌厥后"，下为二龙戏珠透雕。墓碑刻：皇清待赠外祖考周公讳文模老大人之墓。该墓正面由山形头、碑檐、五层棱、匾和墓

残缺的满族花坟石雕

主碑和碑脚构建而成，碑面开阔，墓围高大。

周家墓葬群中各个石墓各有特色，历经两百余年而基本完好。可见当地满人对先人的崇敬之情。遗憾的是此处群墓中没有花坟。

金沙县的宋家花坟和黄氏百岁坟诉说着满族延绵的定居生活。新化乡龙井村的中心寨子的田野中，四周的庄稼已经收获，暮霭之中雄伟壮观的宋家花坟孤独竖立着，犹如落寞的巨人。一丈多高的碑石据说从金沙县城一路用牛拉滚木运来，牛累死了数头。精美的雕刻图案无不让人叹为观止，岁月的磨砺让苍劲的线条显得更为神秘。不远处沿山坡次第铺陈的坟茔，可以寻觅到定居中心寨子的满族宋氏先祖一代代显赫的痕迹，灌木草蔓掩盖下的石碑上，满族传统名字的赫然出现，让我们不得不把记忆拉回三百年前八旗军马策马圈田的历史时光里。

● 遗失在黄土中的倪氏双坟 ●

倪永珍花坟局部

满族倪氏双坟颇有名声，在村民的指引下我们前去探寻。就在即将到达目的地之前，村民叫停了前行的车辆。车子戛然而停，随着指引的方向，我们看到了传说中的葫芦碑坟，三座葫芦碑坟墓相隔数米，碑皆为双层石墓碑，内碑镌刻墓主姓名、立碑者和立碑日期，外碑与内碑同大，中部镂空成葫芦状。三座坟皆为满族先辈墓葬，据村民说，很多专家前来考察，尚没有在周边其他民族墓碑造型中发现葫芦碑。看来，葫芦碑坟应是定居黄泥乡的满族墓葬的一种特有形式。透过镂空的葫芦查看墓碑文字，不能看完整，不知此种碑状的墓葬是否另有隐情。当地村民介绍在刘家满族墓葬群中也有数座葫芦碑坟。

倪永珍花坟位于大方县黄泥乡至金沙安洛乡 326 国道西侧耕地之中，距离道路仅十余米，无山势依托，黄土田地之中仅倪永珍和倪永泰两墓屹立。因无有效保护，已日趋破损，特别是倪永珍花坟的珍贵墓围石雕已被黄泥掩埋过半，甚为可惜。

倪永珍花坟是雕刻技艺突出的满族花坟。

花坟四柱三碑，重檐歇山顶，碑檐碑檩碑框均为花鸟虫鱼之类图案的高浮雕，檐下有一镂空花纹，为甲马、骑士和花鸟。立于清道光甲辰（1844 年）年，碑脚为单檐式。墓碑高 2 米，宽 0.9 米，碑上为扇形匾额书"辛山乙向"四字，以回旋纹饰边。碑刻：清故仙逝显考倪公（讳）永珍老大人之墓。右文：皇上道光甲辰年丁丑月癸巳朔日。碑柱楷体雕刻楹联：斯封应许蒸尝永，叶吉惟期科甲联。

墓圆形，直径 2 米左右，高 1.3 米，分 5 层，底层无花，檐口石类似瓦当，中间 3 层，雕刻精致。大小相等的 40 余块料石，雕刻不同图案，有人物、山水、鸟兽、斗牛、牧马、狩猎等画面，写实生动。从下往上，逐层看去，每层若干石块，每块包石上一幅图案。每幅图案均有二方连续花纹镶边。第二层镶边的是云钩纹；第三层用回旋纹镶边；第四层镶边的是卷草纹。墓的瓦檐盖顶，沟头、滴水均由云纹装饰。各层的图案花纹为高浮雕，分为花草、禽兽、房屋、人物活动等四大类，大多以典故构图，具体分为山羊斗角、水牛哺乳、双狮戏宝、青竹吐翠、金菊盛开、牡丹怒放、双鱼喷珠、鹭鸶闹莲、宝马嘶鸣、鲤鱼钻草、猛虎逐鹿、凤穿牡丹、象鼻搅水、龙飞凤舞、鸾凤和鸣、鱼龙互戏、喜鹊闹梅、独占鳌头、福禄寿喜、夜鹿撞金钟、孙悟空摘蟠桃等。图案与图案间既有差异却又能看出勾连，栩栩如生。因墓墙石壁均有花纹装饰，故称花坟。花纹精雕细琢，造型多变，具有较高的艺术价值。

撷取其中的精美图案：游鱼图——鱼摇动尾鳍，形象夸张，尽现鱼游水草的悠闲活泼，水草雕刻生动细腻，鱼翻滚身体，嘴含水草，鱼鳞可数；水草柔软，展现自然和谐之美。仙草双鹤——图案简洁，寥寥数笔，两只闪翼腾爪的仙鹤活灵活现，仙草夸张巨大，而双鹤回头凝视仙草，欲相争斗，图案极为生动有趣。麒麟下凡——将麒麟威严勇猛的仙界神物气势一展无遗，云蒸霞蔚衬托下的麒麟威而不能近。

清代贵州满族文化发达，倪氏花坟碑刻和包石花纹集黔西北各民族文化风格于一体，美观大方，生动形象，是研究贵州满族历史和传统绘画、石刻工艺珍品的绝好资料。虽然包坟立碑已160余年，但花纹花石保存完好。

● 依山傍水的宋家花坟 ●

附源村是百里杜鹃风景区的核心区域。以独具满族文化特色的村落建设而闻名。在满族文化的各种名片中，位于村子中的宋家花坟无疑是最靓丽的一张。

水自盈盈花自香，盘根老树立坟旁。宋家花坟是我们探寻过的众多花坟中保存最为完好，且位于村落之中的花坟。花坟前有一株两人合围的翠柏（习称银松），四季葱茏。坟前乃附廓水库湖区，对岸青山倒映湖中，景色宜人。

宋家花坟建于清朝咸丰年间，距今百余年。占地50余平方米，墓体呈正圆形，墓顶凸起，为土垒，上生少许杂草，滴水石盖檐突出墓围，墓围为整齐条形石垒砌而成，每块条石长约1米，宽为0.42米，墓周长12.5米，以"三才"之理均分为三层，每层条石12块，共36块条石，每块条石上浮雕图案两幅，共72幅图案。图案涉猎题材广泛，既有静态花草，也有动感十足的动物和生动的故事场景。有来源于神话传说的嫦娥奔月、后羿射日、二郎担山；也有取自历史题材的萧何月下追韩信、刘备渡江招亲、孔明草船借箭等故事；还有表现民间技艺的杂耍表演、吹奏芦笙、地戏锣鼓、耍龙舞狮等内容。当然图案中也展示了满族的历史和生活图景，如展现满族富裕家庭院落的小桥流水、楼阁亭台，浓缩

宋氏花坟

农家田园生活的儿童嬉戏、瓜果丰收的场景，也有满族富裕家庭观书赏月、庭院对弈的动感画面。部分象征吉祥的凤凰朝阳、喜鹊闹梅、二龙抢宝等图案既有汉族传统文化底蕴又夹杂着部分满族传统文化元素。而展示官宦生活、商贸、竞技的热闹画面

宋氏花坟局部

蕴含着清朝前期统治阶层的富足悠闲生活。1984年举办全国农民运动会，国家体育总局派人拓下了图案中有关体育竞技的内容并在国家体育馆展出，中央电视台体育频道也进行了相关内容的报道。

　　根据宋氏家谱记载，花坟内墓葬者是当时宋家沟有名的富裕人家主人宋应琦。宋应琦是咸丰年间秀才，膝下无子仅有一女，嫁与傅耀燮为妻。宋氏为当地满族大户，清嘉庆末，黔西州学政就赠其"厚德凝麻"的匾牌，其影响力颇大。而傅耀燮是贵州满族知名人士傅德洋的祖父，亦为当地大户。宋应琦死后，女儿女婿继承了财产，邀请阴阳先生选择背山面水的附廓水库山坡之上修建花坟。墓前曾镌刻"山环水绕，虎卧龙藏""集千山拥护，启一方文明"等楹联。墓前有高大石碑，为三碑四柱之式，四个石柱都雕龙画凤，柱上联文及碑上匾额为镏金阳文，同时碑前两侧立有石人、石狮、石马、石羊等，其场面壮观、堂皇，据说碑文详细记载了死者生平事迹和主持修墓的工匠和建墓日期等。老人们尚能回忆其中部分文字，如"碧水映堂前，佳城永固，虽遭劫而兴益；达道通天外，远志不灭，当经磨而兴旺"等。这些详细反映了满族文化和风俗的碑、柱、文字今已不存，成为考证、研究满族花坟和贵州满族文化的遗憾。

　　傅耀燮和妻宋氏为宋应琦修建花坟，赢得了村民的赞扬，建成后官员为表彰其孝义之举赐赠门匾"门高行义"，落款为：钦命提督贵州全省学政翰林院编修加五级傅为旌表节孝傅宋氏立。匾额距今140余年，保存完好。

● 高家花坟藏深山 ●

高家花坟最出名，因为它是唯一一座列为县级文物保护单位的花坟。

高家花坟位于金沙县安洛苗族彝族满族乡安洛河村松林堡村民组，建于清道光十七年（1837年）。安洛乡地处金沙县西南边陲，东、南邻黔西县重新镇、定新乡，西接大方县的黄泥乡，北连金沙县的大田乡、新化乡，为三县的交界之地。326国道穿境而过，乡政府所在地阴河村距县城约28公里。境内地势东北高、西南低，山峦起伏，沟壑纵横，岩溶发育，地貌多样，峰山、谷地、山间坝子相间，由于地表水下泄较多，无农灌之利，以致旱地多，稻田少。高家花坟处于缓坡带，周围种植玉米、烤烟、油菜等。墓周围人家大多是高姓人家，系墓主后人。周围建筑大多以当地传统民居为主。

高家花坟占地100平方米。茔地石墁，围马蹄形墙垣，置石阶数级出入。墓圆形，坐北向南，石裙土封，裙高1.85米，冢前立三碑四柱三楼牌楼式墓碑，通高3.8米，饰浅出檐翼鱼翘顶。碑柱上刻楹联二

高家花坟

对。落款下镌满、汉文兼备的印章二枚。墓裙石及墓碑上雕刻有动植物及吉祥物60余幅，雕工非常细腻。石裙所有料石均有雕刻，在黔西北实属少见。高家花坟是第三批县级文物保护单位，虽然保存相对较好，但长时间受自然因素影响，加上人为盗掘和破坏，墓刻也受到局部损毁。

墓檐整体浑厚，立体感强，以莲花造型为主，大气豪放。墓基座分三层，中、下层圆幅形，浅雕花纹。墓墙雕刻以动物和花草图案为主，雕工细腻注重构图的整体性和协调性，图案往往飘逸多变。

其中一幅公鸡鲜花图，构成元素多，雕刻精致，公鸡昂首立于画面正中，羽翼丰满，特别是尾羽上翘，构图夸张。鸡冠、脚爪刻画细腻，回首凝视一株鲜花，花株绮丽多姿雕刻层次突出、主次分明。三棵竹子斜倚左侧，竹节错落，增强视觉冲击。天空中骄阳高悬，与公鸡辉映凸显雄壮之气。画面正前下方石山嶙峋，使得整幅图雕刻留白甚少，与满族其他墓刻有较大区别。

中国石雕石刻文化源远流长、历史悠久，无论南北东西、无论民间宫廷，石雕既是一种手工工艺也是一门高雅艺术。从旧石器时代的简单凿刻，到封建王朝皇室陵墓的精雕细琢，石雕石刻在生活中无处不在。墓碑上的文字、花纹已经成为民间最为普遍和常见的一种雕刻，在贵州的山水之间，到处可以看到雕刻花草图案、人物故事的石缸、井台、廊柱，大型摩崖石刻也不罕见。贵州作为一个多民族居住的省份，各民族石雕艺术也是精彩纷呈，各有千秋。在贵州生活近400年的满族虽然是目前人口较少的世居民族，但在贵州石雕历史上，满族仍以其独特的墓石雕刻占据着重要的一席之地。这些石雕石刻或零散分布或集中体现，距今虽不久远，但保存基本完好。尤为重要的是这些墓石雕刻技艺糅合了满族、汉族和其他民族的艺术风格，反映了满族当时的社会经济和文化发展状况，对研究满族在贵州的历史提供了翔实的立体资料。

参考书目

1. 贵州省地方志编纂委员会. 贵州省志—民族志 [M]. 贵阳：贵州民族出版社，2002.

2. 贵州省文史研究馆. 贵州通志. 点校本 [M]. 贵阳：贵州人民出版社，1988.

3. 贵州毕节地区地方志编纂委员会. 毕节地方志·政权志 [M]. 贵阳：贵州人民出版社，1999.

4. 贵州省毕节地区地方志编纂委员会. 大定府志. 点校本 [M]. 北京：中华书局，2006.

5. 尤中. 中国西南民族史 [M]. 昆明：云南人民出版社，1985.

6. 贵州世居民族研究中心. 贵州世居民族研究（第一卷）[M]. 贵阳：贵州民族出版社，2004.

7. 张民. 贵州少数民族 [M]. 贵阳：贵州民族出版社，1991.

8. 李林. 满族宗谱研究 [M]. 沈阳：辽宁民族出版社，2006.

9. 严天华，陈秀英. 贵州少数民族人口发展与问题研究 [M]. 北京：中国人口出版社，1996.

10. 政协黔西县委员会文史委员会. 黔西布依族仡佬族满族百年 [M]. 贵阳：贵州人民出版社，2006.

11. 杨继红，杨春明. 黔西北民族文化纵横谈 [M]. 贵阳：贵州民族出版社，2003.

12. 贵州民族事务委员会，贵州省民族研究所. 贵州六山六水民族调查资料选编 [M]. 贵阳：贵州民族出版社，2008.

13. 赵尔巽等. 清史稿 [M]. 北京：中华书局，1976.

14. 彭勃. 民族知识丛书·满族 [M]. 北京：民族出版社，1996.

15. 关凯. 中华民族全书·中国满族 [M]. 银川：宁夏人民出版社，2012.

后记

　　贵州山川秀美，气候宜人，资源丰富，人民勤劳，风情多彩，文化灿烂。18 个世居民族，和谐相处，共建家园。《贵州世居民族文化书系》正是建立在人类学、民族学、文化学的研究成果基础上，以叙事方式为主，向世人勾勒贵州世居民族文化版图，展示贵州世居民族悠久的历史文化与和而不同的美丽生存，以全新的视角探寻各民族的文化发展轨迹，解读各民族具有鲜明特色的文化事象，诠释各民族充满神奇魅力的新形象。

　　《贵州世居民族文化书系》编委会对书系的宗旨、目标、体例和风格等进行项目论证和定位、负责确定写作大纲，并对书系的组织架构、写作要求和作者物色等进行统筹安排。

　　《黔韵旗风·满族》由贵州省民族研究院进行审读，就政治倾向性和民族、宗教问题进行认真把关。本书图片得到了贵州省摄影家协会、许之丰及作者的大力支持（经多方搜寻，仍有部分图片未能寻到作者，见书后请与出版社联系）。

　　在此，对所有为书系做出贡献的人士表示衷心的感谢！因编辑水平所限，书中难免有不尽人意之处，恳请读者批评指正，以便图书再版时予以弥补。

《贵州世居民族文化书系》编委会

2014 年 6 月